Gabriel Alexiev

Definition des Christentums

THEOLOGIE

Forschung und Wissenschaft

Band 3

LIT

Gabriel Alexiev

Definition des Christentums

Ansätze für eine neue Synthese zwischen Naturwissenschaft und systematischer Theologie

LIT

Die Deutsche Bibliothek – CIP-Einheitsaufnahme

Alexiev, Gabriel:
Definition des Christentums : Ansätze für eine neue Synthese zwischen Naturwissenschaft und systematischer Theologie / Gabriel Alexiev. –
Münster : Lit, 2002
(Theologie: Forschung und Wissenschaft ; 3)
ISBN 3-8258-5896-0

Grevener Str. 179 48159 Münster Tel. 0251–23 50 91 Fax 0251–23 19 72
e-Mail: lit@lit-verlag.de http://www.lit-verlag.de

Inhaltsverzeichnis

Vorbemerkung

Anlass zu dieser Arbeit ist der Beginn des 3. Jahrtausends. Die Einführung gibt einen kurzen Überblick über die Thematik der Arbeit und die dabei eingehaltene Methode.
Zur Literatur möchte ich gleich anfangs vermerken, dass es mir heute nicht mehr möglich ist, alle Informationen, Anregungen und Überlegungen, die ich im Laufe des Lebens der Fachliteratur entnommen und in mein eigenes Denken integriert habe, bibliographisch zuzuordnen.
Ich danke aber jedem einzelnen Autor persönlich, der in dieser Arbeit seinem eigenen Gedankengut begegnen sollte, auch wenn ich nicht mehr in der Lage bin, ihn namentlich zu zitieren oder auf ihn zu verweisen.
Danken möchte ich auch allen, die zur Realisierung dieser Arbeit in irgendeiner Form beigetragen haben. In zeitlicher Reihenfolge:
Frl. Sabine Preidel, die mit viel Engagement das erste Computerskript erstellt hat, Fr. Prof. Mag. Inge H. Noppinger, Germanistin, für die Durchsicht des Manuskripts, Fr. Andrea Finster für die Erstellung der druckfertigen Vorlage, meinem Lektor Herrn Dr. Michael J. Rainer für seine sachkundigen Hinweise und dem LIT-Verlag für die Aufnahme der Arbeit in die Reihe ‚Theologie: Forschung und Wissenschaft'.

G. A.

Einführung

Gott – sagt Paulus (Phil 2,5-11) – hat das Äußerste gewagt, um die Menschen mit sich selbst und untereinander zu versöhnen.

Und das ist bekanntlich auch der Dienst, zu dem Kirche und Theologie berufen sind:

a) Der Umstand, dass zwischen den Weltreligionen, den christlichen Konfessionen und der Naturwissenschaft ein reges Gespräch im Gange ist, drängt die Theologie zu rascher Selbsterklärung, um sich mit Kompetenz und Sachlichkeit an diesem Großereignis der Vorsehung beteiligen zu können.

b) Eine wesentliche Führungsgröße im zwischenmenschlichen Gespräch ist die Eindeutigkeit der einschlägigen Begrifflichkeit, die erfahrungsgemäß durch möglichst klare und gültige Begriffsbestimmungen, also durch ‚Definitionen', zustande kommt.

Eine ‚Definition' versucht nämlich, alle innerlich zusammenhängenden Wesensmerkmale einer Sache auf einige wenige zurückzuführen, um gleichsam mit einem einzigen Blick das Ganze erfassen und präsent halten zu können.

Der sprachliche Ausdruck einer ‚Definition' ist darum naturgemäß knapp und inhaltsdicht, was zu unbeabsichtigten Irritationen führen könnte.

c) Die vorliegende Arbeit bemüht sich unter Absehen konfessioneller Eigenheiten, wohl aber unter Einbezug naturwissenschaftlicher Ergebnisse (hier besonders der Biologie) um die Erarbeitung einer möglichst gültigen und klaren ‚Definition des Christentums'.

Die zwei tragenden Grundfesten des Christentums sind die Person des Jesus von Nazareth und der Heilige Geist.

Nachstehende Überlegungen werden sich demnach auf diese beiden Grundbestandteile des Christentums konzentrieren. Demnach gliedert sich die Arbeit in:

Teil 1: Jesus von Nazareth

Teil 2: Der Heilige Geist

d) Methodisch werden wir weitgehend systematisch vorgehen: Exegetische und dogmengeschichtliche Einzelanalysen und Diskussionen können vom Vorhaben her nicht berücksichtigt werden.

Im Anhang der Arbeit befindet sich eine Liste weiterführender Literatur.

TEIL 1: JESUS VON NAZARETH

Das Christentum versteht sich vordergründig als das Werk des Jesus von Nazareth.

Im Rahmen unserer Arbeit werden wir im Teil 1 nur auf folgende Fragen zu seiner Person eingehen, da sie in der Vita-Jesu-Literatur entweder gar nicht oder noch zu wenig berücksichtigt werden:

Jesus – Ein Zufallsprodukt der Evolution

Jesu DNA-Profil

Wir werden uns dabei um möglichst große Eindeutigkeit bemühen: Begrifflichkeit und Aussagen von Forschungsbereichen, deren gesicherte Ergebnisse heute zum Lehrstoff der Haupt- und Mittelschulen gehören und allgemein als bekannt vorausgesetzt werden dürfen, werden oft ohne begriffliche Vorklärungen gebraucht bzw. kurz systematisch vor ihrer Anwendung zusammengefasst.

Die im Zusammenhang mit unseren Beschreibungen und Darlegungen entstehenden schweren dogmatischen (christologischen und mariologischen) Fragen werden in Exkursen diskutiert.

1. JESUS – EIN ZUFALLSPRODUKT DER EVOLUTION

a) Das lukanische Methodenprinzip (Lk 1,1-4)

Lukas urgiert in der Einleitung zu seiner ‚Jesus Biografie' den Vorrang der ‚kritischen Methode': Auch den Ereignissen um die Person des Jesus von Nazareth gegenüber ist möglichst nüchtern und kritisch vorzugehen.

Dieser methodische Ansatz des Lukas kann als metakritische Instruktion auch seinen eigenen Darlegungen gegenüber angewandt werden.

b) Die evolutionstheoretische Lesart von Lk 3,23-38

Demnach ist Lk 3, 23-38 folgendermaßen zu lesen: Lukas will an dieser Stelle das christliche Heilsmodell in den schöpfungstheologischen Kontext einbauen.

In einem genealogischen Regress von Josef ausgehend, versucht er über 77 Generationen zurückschreitend, Jesu menschliche Existenz auf Adam, den ersten Menschen, zurückzuführen. Adam selbst lässt er unmittelbar aus Gottes Schöpferhand hervorgehen und baut damit Jesu menschliche Entstehung in den Schöpfungskontext ein.

Lukas mochte damals das 'kreationistische' Schöpfungsmodell vor Augen geschwebt haben, im Sinne seines Methodenverständnisses jedoch bleibt er für das heutige 'evolutionistische' Schöpfungsverständnis offen.

In diesem Sinne darf Jesus als 'Zufallsprodukt' der Evolution betrachtet werden, obwohl gleich darauf hinzuweisen ist, dass die 'Evolution' selber nur die Ausführung eines göttlichen Leitplanes ist.

Lk 3,23-38 läuft somit auf die Grundaussage hinaus: Jesus von Nazareth ist das Ergebnis der menschlichen Stammesgeschichte, die mit Adam (vom hebr. 'adamah', das auf die Wurzel a-d-m = rot, also rote Erde zurückgeht) ansetzt und sich immer noch fortsetzt.

Ein Selektionsmechanismus der Evolution stellt die sexuelle Zeugung von Nachkommen dar.

c) Die sexuelle Zeugung Jesu

α) Sexualität

• Begriff: Die Sexualität ist eine Sonderform der menschlichen Sprache. Sie setzt sich aus drei Komponenten zusammen:

1. Das ‚anatomische' Zentrum der Emotionalität (Sexualität) ist das Limbische System, wo die Mandelkerne (Amygdala), die vermutlich u.a. auch Erinnerungen speichern, eine bedeutende Rolle spielen.
Im Limbischen System werden alle eingehenden Innen- und Außenreize bewertet, bevor sie an die zuständigen Areale der Großhirnrinde weiter geleitet werden.
Das Limbische System stattet auch bestimmte Reize mit einer neuen Empfindungsqualität, ‚Lust' genannt, aus.
2. Das ‚hormonelle' Hauptschaltzentrum der Sexualhormone liegt im Hypothalamus, das durch sein Releasinghormon die Produktion aller Sexualhormone (Östrogen, Testosteron, Oxytocin), die in der Hypophyse gespeichert werden, steuert.
3. Die 'psychische' Komponente der Sexualität ist das Gefühl der Liebe. Man kann 'Liebe' als eine zwischenpersonale, im Prinzip lebensumfassende Zuwendungsinteraktion (Aktion/Reaktion) definieren. Auslöser der Liebe sind in der Regel gegengeschlechtliche Qualitäten der Interaktionspartner, die im einzelnen sehr unterschiedlich sein können, letztendlich aber mit dem Gefühl und dem Verständnis der Selbstidentität zu tun haben. Diese psychische Komponente drückt sich in einer eigenen Sprache aus. Wie jede Sprachform bedient auch sie sich eines Mediums und einer besonderen Codierungsart. Ihre Botschaft wird nach dem Gesetz der 'Nachrichten-Quadratur' verschlüsselt und gesendet (vgl. Schulz v. Thun):
Das *Medium*: Das Sprachmedium der Sexualität ist die 'Haut', näher hin die Mechanorezeptoren, die Merkelzellen (Berührungs-Rezeptoren) bzw. die Meissnerischen Körperchen (Oberflächendruck) und die Paccinikörperchen (Druckrezeptoren), die in der Haut bzw. in der Lederschicht der

Haut untergebracht sind. Ihre Verteilungsdichte ist genetisch geregelt. Die Berührungsrezeptoren sind am dichtesten an den Fingerkuppen, im Lippen-, im Brust-, und im Genitalbereich massiert.

Die *Codierung*: die Codierungstechnik der Sexualsprache besteht in der Reizung der Mechanorezeptoren, der Merkel- bzw. der Meissner- und Paccinikörperchen, und zwar nach zwei besonderen Art und Weisen: Durch Intensivitätsvariation der Berührungsempfindung (z.B. Ausübung von Druckstärke, Berührung von Hautpartien mit hoher Dichte an Merkelzellen bzw. Meissner/Paccinikörperchen usw.) und durch rhythmische Modulation der Berührungsmechanik (z.B. Streicheln).

Quadratur der Nachricht: Die von der Liebe gesteuerten Hautreize sind zum Unterschied von rein mechanischen Reizen mit einer (psychischen) Bedeutung versehen, die der Empfänger zu entschlüsseln hat. Diese Nachricht (Bedeutung) setzt sich aus vier Teilbotschaften zusammen, was den Ausdruck 'Quadratur' der (sexuellen) Nachricht berechtigt:

Die zuwendungsgeleitete Hautreizung der Partnerin/des Partners drückt zunächst einen persönlichen Zustand des Botschaftssenders aus. Es wird eine Zielemotion zum Ausdruck gebracht, d.h. dass man (endlich) an ein wesentliches Ziel seines Lebens gelangt ist, an die Erfahrung der eigenen 'Selbststruktur' bzw. Vollindividualität und somit auch der eigenen Personalisation: Der Interaktionspartner ist nicht irgendwer, sondern meine ,Wesensvollendung'. Diese Zielemotion wird in der Form von Lust, Freude und Glück erlebt.

Die Beziehungskomponente drückt sich in der Gestalt wechselseitiger Achtung und Schonung aus.

Die Zärtlichkeit drückt überdies den Wunsch aus, der erreichte emotionale Zustand möge nie vergehen, also dass er sich zu einem Dauerzustand (= Glück) wandeln möge.

Und zum Schluss teilen die von der Liebe modulierten Hautreize den Wunsch mit, sich mit dem Thema 'Leben' auseinandersetzen zu wollen, und zwar nach zwei Aspekten hin:

Erstens die Gestaltungsmöglichkeiten des zwischenpersonalen partnerschaftlichen Lebens ins Auge zu fassen und zweitens Überlegungen über Möglichkeiten und Bedingungen einer eventuellen Weitergabe der beiderseitigen Gene an ein anderes Individuum, anzustellen. An dieser Stelle tritt das Gewissen auf den Plan. Die Frage lautet: Dürfen wir ein Kind zeugen?

'Sexualität' ist also eine Sonderform menschlicher Kommunikation, die sich des Mediums 'Haut' (Merkelrezeptoren, Meissner-Paccini-Körperchen) bedient, um durch eine besondere Codierungsart, die in der emotional geleiteten Hautreizung besteht, eine vierseitige Botschaft an den Interaktionspartner zu senden. Dabei werden die lamina terminalis im Hypothalamus und die Mandelkerne im Limbischen System aktiviert, die den nucleus accumbens im Vorderhirn mit aktivieren, wo das 'Lusterlebnis' entsteht.

Effekte (der Sexualität): Das Kommunikationsbedürfnis des Menschen ist genetisch grundgelegt und gehört somit zu seiner Natur. Von allen Sprachformen ist die Sprache der Sexualität die bindungsstärkste. Sie ist die kommunikative Grundkompetenz des Menschen und befriedigt am vollständigsten sein soziales Bindungsbedürfnis, weswegen sie auch die begehrteste Kommunikationsform bleibt.

Formen (der Sexualität): Es gibt zwei Grundformen der menschlichen Kommunikation: das Selbstgespräch und das soziale Gespräch. Auch die Sprache der Sexualität kennt diese zwei Grundformen: die sexuelle Intra-Kommunikation (z.B. Masturbation) entspricht der allgemeinen Form des Selbstgesprächs bzw. der simulierten Interaktion in Form von vorgestellter sexueller Interaktion/Kommunikation. Die sexuelle Inter-Kommunikation, die sich zwischen zwei Interaktionspartnern im realen Leben abspielt (z.B. Streicheln, Küssen, Berühren, Geschlechtsverkehr usw.).

Problem der Liebe und ihrer Sprache (Sexualität): Das große Liebesproblem ist eigentlich ein Erkenntnisproblem, und zwar in zweifacher Hinsicht:
Objektiv stellt jeder potentielle Sexualpartner eine Persönlichkeit dar, deren Profil sich aus einigen wenigen Merkmalen zusammensetzt, die noch dazu im Laufe der Zeit wandelbar sind. Zu Beginn ereignet sich demnach jede Interaktion im Rahmen einer groben Gesamtstruktur der Dyade, die vorerst ein 'Kompromissgebilde' bleibt.
Subjektiv stehen dem Menschen zwei Erkenntniswege offen: Erfahrung und Theorie.
Eine rein platonische Liebe, also ein rein theoretisches Schwärmen für die Qualitäten eines potentiellen Sexualpartners ist eine zu unsichere Bindungsbasis. Ein Erfahrungsaustausch ist absolut notwendig, denn es geht bei der Liebe und ihrer Sprache um Unverwechselbarkeiten der Persönlichkeitsprofile, also um Dinge, die begrifflich nicht abstrahierbar sind, sondern nur durch konkrete Erfahrung erkannt werden können. Und hier entsteht die weitere Frage, ob alle individuellen Bereiche erfahren und erforscht werden sollen, bevor man alle vier Botschaften der Liebe bejaht oder nur einige wenige wesentliche und welche und in welcher

Intensität sollen sie erfahren werden. Liebe tendiert nach maximaler Erfahrung der Dimensionalität des Persönlichkeitsprofils des Partners: Sie hat etwas mit Experiment zu tun!

• Sperma-Transfer: Von der Sexualität ist der Vorgang des Spermatransfers, der das Sperma in größtmögliche Ei- bzw. Eikernnähe bringt, zu unterscheiden. Es gibt zwei Grundverfahren:
Der Kopulationsvorgang (Genitalreflexe bei Mann und Frau), wodurch das Sperma auf dem natürlichen Weg in Einähe gebracht wird.
High-Tech-Verfahren, wodurch der männliche Chromosomensatz unmittelbar in das Eicytoplasma injiziert wird.

• Die Befruchtung: Auch der Befruchtungsvorgang ist von der Sexualität zu unterscheiden, da er unabhängig davon erfolgt.
Die etwas ausführliche Zusammenfassung des Themas *Sexualität* geschah nicht nur im Hinblick auf ihre unmittelbare Anwendung, sondern auch in Hinsicht auf spätere Fragestellungen, z.B. im Zusammenhang mit der ‚Jungfräulichkeit' Mariens.
Auch soll die Sexualität von Anfang an mit in die ‚**Menschwerdung**' Gottes **integriert** werden.

β) Das Ehepaar Josef und Maria

• Bis zum Nachweis des Gegenteils ist davon auszugehen, dass Josef und Maria genetisch gesunde Menschen waren und dass demnach auch ihre Haut nach den Regeln des menschlichen Genoms in seinem geschlechtsspezifischen Diphormismus aufgebaut worden ist. Folglich waren sie anatomisch mit den Merkelzellen, den Meissnerschen und Paccinikörperchen ausgestattet, und zwar in der statistisch zu erwartenden Dichte an den verschiedenen Körperteilen.

Es ist auch davon auszugehen, dass sie keine Ausnahme von den physiologischen Gesetzmäßigkeiten, die den Tastsinn bewerten (insbesondere die Mandelkerne, der nucleus accumbens, die lamina terminalis), gemacht haben.

• Es ist dokumentiert, dass beide jungen Leute ein Paar waren (verlobt bzw. verheiratet). Geht man davon aus, dass sie aus 'Liebe' (Zuneigung) eine Bindung eingegangen waren, dann ist zu erwarten, dass sie auch die Sprache der Liebe praktiziert und sich damit ihre Gedanken und Gefühle im Sinne der sexuellen 'Nachrichten-Quadratur' ausgetauscht haben: Genuss der Zielmotion (Lust), Fürsorglichkeit für einander, Wunsch nach Zustandsdauer und Auseinandersetzung mit dem Thema 'Verantwortung der Weitergabe des Lebens'.
Die Sprache der Liebe ist aber, wie wir oben ausgeführt haben, eine Sprache der *Haut*, der Codierung der Mechanorezeptoren, der Meissnerschen- und Paccinikörperchen durch Intensitätsvariation der Druckstärke und durch rhythmische Modulierung der Hautberührung. Es besteht kein Grund, den beiden jungen Leuten die Grundkompetenz und das Recht der sexuellen Kommunikation und Praxis abzusprechen, umso weniger als die Geburt eines Kindes im Schoße eines derartigen sozialen Gebildes im Vergleich zu einem künstlich (IVF) geborenen Kind in vieler Hinsicht privilegiert ist.

γ) Die Zeugung Jesu

• Mt 1,18 und Lk 1,27 berichten von der Verlobung Mariens mit Josef. Im Sinne des damaligen jüdischen Rechtes waren sie damit Mann und Frau mit allen rechtlichen Konsequenzen. Damit erklärten sie ihren beiderseitigen Willen, sich in ihrem Eheleben am Gesetz des Moses und der

Juden zu orientieren. Dies umso mehr als beide fromm und gottesfürchtig waren (Lk 1,38; Mt 1,19).

• Eheleute aber, die sich am Gesetz der Juden, an der Tora, orientieren wollen, orientieren sich selbstverständlich auch am Gebot Gottes, das auf der ersten Seite der Tora steht: *Wachset und mehret euch* (Gn 1,27). Daraus ist zu schließen, dass Josef und Maria den Willen zum Kind hatten, was auch den Wunsch nach räumlicher Nähe, nach Intimität, Körperkontakt und Geschlechtsverkehr mit einschließt.

• Wenn schon je eine Ehe von Gott verbunden worden ist, dann wohl die Ehe zwischen Josef und Maria. Zu einer solchen Ehe aber gehört es, dass sie 'in carne una' zusammenkommen, gleichsam als Vollendung ihrer Zeichenhaftigkeit (letztendlich) der innergöttlichen Bindungsverhältnisse.

Alles spricht also dafür, dass Josef und Maria in Liebe einander zugetan waren, die Bindungssprache der Sexualität gesprochen haben und in diesem Lebenskontext das Kind Jesu gezeugt haben, das wie kein zweites Kind Geschichte gemacht hat.

Nur in diesem Sinne kann die Hl. Familie ein Vorbild für die christliche Familie sein.

Exkurs: DIE JUNGFRÄULICHKEIT MARIENS

Die sexuelle Zeugung Jesu steht im Widerspruch zur kirchlichen Lehre von der Jungfräulichkeit Mariens. Eine Auseinandersetzung mit diesem Lehrsatz ist unbedingt erforderlich, um festzustellen, ob es sich hier um einen echten oder bloß um einen Scheinwiderspruch handelt. Das Ergebnis hängt zum Großteil von der Schärfe der Begriffsbestimmung ab.

1. Der evolutionstheoretische Begriff 'Jungfräulichkeit'

a) Im Tierreich

Der klassische Darwinismus kennt im Grunde zwei Evolutionsmechanismen: Den Anpassungs- und den Selektionsmechanismus. Im Rahmen des Selektionsmechanismus spielt besonders bei Säugetierarten die Strategie des Stärkeren oder Überlebenstüchtigeren eine entscheidende Rolle beim Durchbruch der evolutiven Optimierung.

Im Kampf um die Weibchen signalisiert der Stärkste seinen Rivalen erstens, dass seine Gene von besonderer Qualität sind, da sie als höherwertiger, umweltangepasster eine größere Bewährungschance versprechen als die ihrigen, und er darum als die berufene Steuerungsgröße der Evolution von ihnen zu respektieren ist. Zweitens signalisiert der Stärkere dem paarungsbereiten Weibchen, dass es sich seinen Rivalen verweigern muss, um ausschließlich mit ihm Nachkommenschaft zu zeugen, um dadurch die Durchsetzung der eigenen Gene zu gewährleisten. Der Stärkere beansprucht also instinktiv die Unberührtheit des Weibchens. In diesem Sinne kann man von einem gewissen 'Jungfraueninstinkt' bei manchen Säuge-

tierarten sprechen. Es ist dies ein egoistischer Instinkt, weil dadurch das Weibchen zweckbestimmt und funktionalisiert wird.
Im Tierreich steht der 'Jungfraueninstinkt' im Kontext eines genetisch bedingten Reproduktionsprogramms zwischen Tierindividuen.

b) Im Humanbereich

Im Humanbereich steht der 'Jungfrauen-Begriff' in einem zwischenmenschlichen Kommunikationskontext, also im Kontext bewussten Informationsaustausches zwischen einer Frau und einem Mann. Der 'Jungfrauenzustand' hat im Humanbereich Mitteilungscharakter. Er stellt einen *Code* dar, der sich aus einem Medium, einer bestimmten Codierungsart und der Absicht der Kommunikationspartnerin aufbaut:
1. Das 'Medium', dessen sich die Jungfrau im Interaktionsprozess mit ihrem Partner bedient, ist der 'anatomische' Zustand eines bestimmten Körperorgans. In unserem Kulturkreis galt lange Zeit der Zustand des Genitalapparates der Frau, konkret die Unversehrtheit des Hymens.
2. Die 'Codierung' des Jungfräulichkeitsmediums ist wesentlicher Bestandteil des Begriffs 'Jungfrau'. Der bloße anatomische Zustand des Genitalapparates verwirklicht erst dann den Begriff 'Jungfrau', wenn er als *Zeichen* (= Wort) für die sexuelle Interaktionsgeschichte seiner Trägerin interpretiert wird. Wenn also der anatomische Zustand als Indiz für ihre bisherige sexuelle Abstinenz aufgefasst wird. Dabei sind aktive und passive Codierungs- und Decodierungsmöglichkeiten denkbar: Aktiv dann, wenn die Frau sich (bewusst) sexuell enthält und passiv dann, wenn der Interaktionspartner zwar den anatomischen Zustand wunschgemäß interpretiert, er aber in Wirklichkeit nicht mehr vorhanden ist.

3. Die 'Absicht' spielt bei jeder Form von Kommunikation die Rolle einer digitalen Präzisierung: Erst durch Kenntnis der Absicht des Senders einer Botschaft kann die Mitteilung (wort- oder bloß körpersprachlich) eindeutig decodiert (verstanden) werden. Erst die Absicht einer Frau, die Unversehrtheit ihres Genitalapparates als *Ur-wort* einer Du-Definition einsetzen zu wollen, konstituiert das, was wir unter dem Begriff 'Jungfrau' verstehen. Dieses Urwort steht im Kommunikationskontext mit dem erwünschten Sexualpartner für Ausschließlichkeit der Wahl, und somit für Wertschätzung und Wahlpräferenz. In diesem Sinne ist die freiwillige sexuelle Interaktion einer Jungfrau mit ihrem Sexualpartner die Urinformation über dessen Persönlichkeitsprofil, was dessen Selbstbild und Selbstwertgefühl klären und stärken kann. So ist mit dem Begriff 'Jungfrau' immer auch ein Moment des Persönlichkeitskultes eingeschlossen.
Der Unterschied zwischen dem jungfräulichen 'Weibchen' im Tierreich und der 'Jungfrau' im Humanbereich liegt darin, dass im ersten Fall der prokreative (Fortpflanzungs-) Aspekt vorherrscht, im zweiten Fall hingegen der personale Ausdrucksaspekt im Vordergrund steht.
Der Begriff 'Jungfrau' meint somit den unversehrten Genitalapparat (Hymen) einer Frau, den sie als Ausdruck einer Urdefinition ihres potentiellen Sexualpartners einzusetzen beabsichtigt. (Offenkundig beziehen sich unsere Überlegungen auf den statistischen Normalfall. Der pathologische Ausnahmefall einer anatomischen Fehl- bzw. Mangelentwicklung (Ausfall) des Hymens bleibt hier unberücksichtigt.)

c) In der Maria-Josef-Beziehung

Maria wird Josef gegenüber als 'Jungfrau' bezeichnet, also als ein Mädchen, das im Sinne der evolutionstheoretischen und humangenetischen

Begriffsbestimmung einen intakten Genitalapparat hatte (einen ganz persönlichen Zustand), den sie ihrem Verlobten Josef gegenüber als ein Ur-Wort einzusetzen gedachte, als eine Art *Ur-Definition* seiner Persönlichkeit, die das NT als tief religiös charakterisiert.

2. Die heilsgeschichtliche Bedeutung von ἡ παρθένος

a) Der Kontext

Der ntl Kontext, in dem Maria als ἡ παρθένος = Jungfrau bezeichnet wird, ist das Thema von der Neuordnung der Heilsgeschichte (vgl. die bekannten Texte bei Mt 1,1-27 und Lk 1,26-38). Es geht an dieser Stelle um die Änderung des bis dahin geltenden Grundartikels der heilsgeschichtlichen Verfassung:

α) Negativ wird nämlich durch die Stammbäume Jesu und die Veranschaulichungstexte der Verkündigung und des Traumtextes (Josef) zum Ausdruck gebracht, dass die bisherige Geltung des Stammesprinzips (= Abstammung von Abraham) in der neuen Heilsordnung außer Kraft gesetzt wird. Das bisher geltende genetische Schema wird abgeschafft, da Fleisch und Blut in der Neuordnung der Heilsgeschichte nichts mehr zu suchen haben (vgl. den Abbruch der Zeugungskette bei Mt 1,16).

β) Positiv wird der Hl. Geist als die eigentliche Führungsgröße in der neuen Heilsordnung eingeführt, wobei seine Unabhängigkeit von biologischen bzw. genetischen Bedingungen betont wird (vgl. den Hinweis auf Elisabeth). Er ist in seiner Aktivität völlig frei, wofür auch die Wahl von Maria, als der vorgesehenen Mutter des Messias, ein weiterer Beleg ist.

b) Bedeutung des Begriffs 'Jungfrau' im heilsgeschichtlichen Kontext

α) In diesem Kontext betrachtet, ist der Begriff ἡ παρθένος nicht im evolutionstheoretischen oder humangenetischen Sinne zu verstehen. Denn das Thema 'Biologie' (= Stammesprinzip, Abrahamsprinzip) interessiert hier nicht mehr, es gehört zur Geschichte. Es ist für die Neuordnung der Heilsgeschichte belanglos geworden.

β) Wohl aber behält der Begriff παρθένος auch in diesem Heilskontext seine Teilbedeutung als Ur-Wort bzw. Ur-Definition in einer zwischenpersonalen Liebesbeziehung bei, wobei hier die Liebespartner Gott und Maria sind. Gott definiert sie als die Frau, auf die seine unwiederholbare Wahl in der Heilsgeschichte fällt (Sie soll Mutter des Messias werden). Das ist eine exklusive Wahl, worauf Maria mit der ebenso exklusiven Gegenwahl antwortet (Lk 1,38). Insofern hier eine beiderseitige Präferenzwahl zum Ausdruck kommt, realisiert sich das Moment der wechselseitigen 'Urdefinition' der Gesprächspartner (Gott-Maria). In diesem Sinne ist der Begriff 'die Jungfrau Maria' gleichbedeutend mit dem Begriff 'voll der Gnade' (des Hl. Geistes).

Die These von der sexuellen Zeugung Jesu durch seine Eltern steht also keineswegs im Widerspruch zur 'Jungfräulichkeit Mariens'.

Eng verbunden mit diesem Problem ist die Frage nach dem Spender des Y-Chromosoms, worauf wir im nächsten Punkt kurz eingehen wollen. Diese Frage stellt sich deswegen, weil eine parthenogenetische Geburt im Humanbereich noch nie nachgewiesen worden ist.

Und eine Chromosomenanomalie bei Maria wie etwa das sog. ‚Androgenresistenz-Syndrom' (= testikuläre Feminisierung wegen des männlichen Chromosomensatzes 46 XY) ist bei ihr nicht annehmbar, da Frauen mit einem solchen Syndrom wegen Fehlen der inneren weiblichen Organe weder schwanger werden noch gebären können.

3. Der Y-Chromosom-Spender

a) Theologische Schwierigkeiten

Der kirchliche Glaube lehrt, dass der Y-Chromosomensatz, der Mariens Ei bei der Empfängnis Jesu befruchtet hat, unmittelbar von Gott stamme. Dieser Standpunkt bereitet große theologische Schwierigkeiten:
Denn als reiner Geist produziert Gott keine Spermien in sich und kommt darum selber als unmittelbarer Spender des Y-Chromosomensatzes nicht in Betracht.
Allenfalls kann man sich in diesem Fall Gott als einen Supergynäkologen vorstellen, der more artis, ein Fremdsperma ins Ei Mariens hineinschleust. Woher soll aber Gott das Fremdsperma zu diesem Zwecke beziehen? Denkbar sind vier Möglichkeiten:
Erstens bedient sich Gott eines in der Natur vorkommenden Fremdspermas, das er aus dem Hodenkanal bzw. dem Samenleiter, den Nebenhoden oder den Samenbläschen oder einem bereits erfolgten Ejakulat eines geschlechtsreifen Mannes absaugt und ins Ei einschleust. Sollte es keine homologe Insemination sein, wäre ein solcher Vorgang ein glatter Ehebruch, da Maria bereits mit Josef verheiratet war. Handelt es sich aber um eine homologe Insemination (also der Spermaspender wäre ihr Ehemann Josef), dann fragt man sich nach dem Sinn eines derartigen Tuns Gottes!
Zweitens ist eine Synthetisierung des Y-Chromosoms aus vorhandenen Molekülen denkbar. Es fragt sich aber auch hier nach dem Sinn eines solchen Tuns, da in jedem Augenblick eine unübersehbare Menge an

natürlich gereiften Spermien in der menschlichen Population (einschließlich Josef) zur Verfügung steht. Überdies wäre Jesus in einem solchen Fall eine Art ‚Fabrikat' bzw. eine ‚chemische Prothese'!
Drittens: Gott erschafft den Y-Chromosomensatz, der Mariens Ei befruchtet, ex nihilo sui et subjecti. Dieses Vorgehen würde gegen geltende physikalische Gesetze (Energieerhaltung!) verstoßen und zudem im Widerspruch zum Symmetrieprinzip stehen, da das Ei nicht erschaffen worden ist, sondern sich ganz natürlich im Eierstock Mariens entwickelt und nach den Gesetzen der Oogenese gereift ist. Im Übrigen *entia non sunt multiplicanda sine necessitate*. Überdies käme dies einem Bruch mit unserer menschlichen Stammesgeschichte gleich!
Viertens: Gott implantiert in Mariens Uterus einen fremden Embryo. In einem solchen Fall wäre Maria nicht die biologische Mutter Jesu, d.h. keine θεοτόκος. Sie wäre bloß eine ‚Leihmutter'.
Überdies würde eine künstliche Befruchtung Mariens die Würde aller Beteiligten verletzen: die Würde Gottes, die Würde der Mutter, die Würde ihres Mannes Josef und nicht zuletzt die Würde des Kindes. Jesus wäre das erste *Retortenbaby* (eine Art ‚Fabrikat') in der Geschichte der Menschheit gewesen!

b) Das soteriologische Argument

Nur das, was in der Inkarnation in die Person Jesu integriert wurde, wird auch tatsächlich erlöst: *Quod non est assumptum, non est sanatum* (was nicht aufgenommen wurde, wurde nicht geheilt)! Stammte also das Y-Chromosom nicht aus unserem Hominidenstamm, dann ist der Mann von der Erlösung ausgeschlossen. Gerade das Y-Chromosom aber macht den Mann zum Mann: Es steuert die Keimzellenproduktion, die Ausbildung der typisch männlichen Morphologie und Physiologie und sogar die typisch psychischen Prozesse von Informationsverarbeitung und Emotionsfärbung.

c) Das pneumatologische Argument

Zu einem ähnlichen Schluss wie das theologische und soteriologische Argument führt auch das pneumatologische Argument. Wird der 'Geist', der Maria beschattet, als bloße Kraft Gottes ad extra verstanden, dann gelten die Überlegungen, die beim theologischen Argument dargelegt wurden. Wird der Hl. Geist als innertrinitarische Person aufgefasst, der Maria befruchten sollte, dann verstößt dies nicht nur gegen die theologische Sprachregelung, die die Zeugung dem Vater zuschreibt, sondern auch gegen das Wesen des Hl. Geistes als göttlicher Person: Er ist nämlich die *Liebe* (zwischen Vater und Sohn), in sich also ein 'Gefühl', das sich allenfalls in ein Motiv umsetzen lässt, aber das Motiv einer Zeugung und die Zeugung selber sind zwei verschiedene Realitäten.

Die kirchliche Lehre von der menschlichen Vaterlosigkeit Jesu führt zu theologischen, soteriologischen und pneumatologischen Absurditäten.

Demnach wird es auch aus dieser Sicht heraus klar, dass Mariens Jungfräulichkeit nicht im anatomischen bzw. biologischen Sinne, sondern im heilsgeschichtlichen Sinne zu verstehen ist, wie dies oben kurz dargelegt wurde.

Die sexuelle Zeugung Jesu durch seine Eltern, Maria und Josef, steht somit keineswegs im Widerspruch zur heilsgeschichtlich verstandenen 'Jungfräulichkeit Mariens'.

4. Der 'ethische Symbolwert' von Mariens Jungfräulichkeit

a) Das Symbol der Sünde

- Die 'sexuelle' Lust nimmt unter den vom Menschen erlebten Lustarten und –qualitäten eine Sonderstellung ein. Zwar kann jede Art von Lust (Eß-, Trink-, Sport-, Drogen-, Fahr-, Spiellust usw.) zur Sucht werden und zu persönlichen und sozialen Katastrophen (= Sünde) führen. Die sexuelle Lust aber, die eine sozialvermittelte Lust ist und deren Dimensionalität von extrem starker Intensität sein kann, so dass sie psychische und soziale Erschütterungen (vgl. z.B. Vergewaltigungen) nach sich ziehen kann, ist zu einem *Symbol* der Destruktivität (= der Sünde) geworden.
- Besonders die katholische Moralerziehung, die von Menschen geleitet wird, deren zölibatäre Lebensweise zu niedrigen Reizschwellen auf dem sexuellen Gebiet führt, assoziiert mit Sünde fast durchwegs die sexuelle Sünde.

b) Die 'Jungfrau Maria'

- Die *Jungfräulichkeit*, die die richtigen Relationen zwischen der personalen Dimension 'Liebe' und der ‚Sprache der Sexualität' setzt, so wie wir sie weiter oben dargelegt haben, stilisiert sich von selbst zum Symbol der 'Sündenreinheit' hoch: Wer die von der 'Jungfräulichkeit' sinnenhaft dargestellten Wertrelationen bei der sexuellen Sprache wahrt, der wird sich weit weniger in Sünden verstricken als einer, der genannte Relationen nicht beachtet. Wie also die Sexualität zum Symbol für die Sünde geworden ist, so gilt das Gegensymbol (= die Jungfräulichkeit) als Zeichen der Tugend und der Sündenreinheit. *Mariens ‚Jungfräulichkeit' steht für die Vollentegration der menschlichen Trieb- und Ichziele in die Dynamik des Hl. Geistes.*

• Da nun die Mutter Jesu *die* Jungfrau im heilsgeschichtlichen Sinne ist, also gleichsam die Jungfrau der Jungfrauen, ist sie konsequenterweise *zum* Symbol der Sündenreinheit geworden.

Symbole können sehr starke Emotionen wecken und Emotionen ihrerseits zu Vorurteilen und Fanatismus führen, die eine sachliche Klärung von anhängigen Fragen behindern. Deswegen stößt die Frage nach 'Mariens Jungfräulichkeit' sowohl in der orthodoxen wie in der katholischen Kirche auf große Sensibilitäten und massive Widerstände gegen sachliche Deutungsversuche.

Nach diesem längeren Exkurs greifen wir wieder den auf S. 17 abgerissenen Faden auf.

δ) Schlussfolgerungen

a) Jesu Fremdbestimmtheit

Der *endogene* Faktor: Die DNA-Baupläne hat sich das Individuum Jesus von Nazareth nicht selber ausgesucht, sondern (unabhängig von wem) 'vererbt' bekommen. Damit wurde er in Bezug auf Ontogenese, Morphologie und Physiologie bereits im Augenblick der Kernverschmelzung von Ei und Sperma stammesgeschichtlich festgelegt und fremdbestimmt: Er konnte ab diesem Augenblick nicht mehr aus seiner eigenen Haut heraus!

Der *exogene* Faktor: Jesus unterlag nicht nur der genetischen Fremdbestimmung, sondern auch den uterinen und extrauterinen ökosystemischen Faktoren, sowohl den physikalischen wie auch den biotischen, psychologischen, sozialen und kulturellen Vorgaben. Er war genauso wie die übrigen Menschen Strahlenbelastungen, chemischen und viralen Noxen, psychischen Einstellungen seiner Mutter und seiner Umwelt, der sozialen und politischen Lage ausgesetzt.

Hervorzuheben ist an dieser Stelle seine Kulturabhängigkeit: Seine Muttersprache (das Aramäische) wurde ihm nicht eingegossen, sondern nach den Regeln der Entwicklungspsychologie schon im Kleinstkindalter einprogrammiert. Damit war er der Gefangene eines ganz bestimmten digitalen und analogen Kommunikationssystems.

Parallel zu diesem vorgegebenen System von Kommunikationszeichen wurde ihm auch das damalige 'Weltbild' vermittelt, das sich vom unsrigen diametral unterscheidet (Alttestam./Kopernikanisches Weltbild). Das ganze Kulturparadigma (Naturwissenschaft, Anthropologie usw.), in dem er dachte und sich geistig bewegte, war anders als das unsrige heute.

Der *autogene* Faktor: Die DNA-Baupläne regeln zunächst Ontogenese, Morphologie und Physiologie des menschlichen Organismus (bzw. des Gehirns), indirekt aber bestimmen sie weitgehend auch die psychischen Kräfte (den Antriebsmechanismus) und die psychischen Funktionen (die kognitiven Vorgänge), wie dies klinische Befunde eindrucksvoll belegen (vgl. z.B. die Psychosen, Amnesien, Aphasien usw.).

Berücksichtigt man noch dazu die ökosystemischen Determinismen, dann muss aus dem Ganzen geschlossen werden, dass Jesu 'Selbststeuerung' enge Grenzen gesetzt waren: Seine Freiheitsträume waren eingeschränkt (Er vermochte z.B. 40 Tage lang zu fasten, dann aber nicht mehr usw.).

b) Jesus – letztes Wort Gottes an die Menschheit?

Die genetische, ökosystemische und demnach auch die autogenetische Determiniertheit Jesu wirft offenbarungsgeschichtlich eine schwerwiegende Frage auf, nämlich die Frage, inwiefern Jesus von Nazareth trotz seiner menschlich bedingten Begrenztheit 'Gottes endgültige Offenbarung' an die Menschen sein kann!
Denn im Falle, dass man Jesu menschliche Individualität im System der 'hypostatischen Union' als das 'natureigene Instrument' des Logos auffasst, müsste das *ens fluens = instrumentale*, das im Augenblick der gottmenschlichen Handlung das 'Werkzeug' im Sinne der Logosregie beeinflusst, von den oben erwähnten genetischen, ökosystemischen und autogenen Determinismen eingeschränkt gewesen sein, so dass selbst der Logos als die Hauptursache der gottmenschlichen Handlung davon mitdeterminiert erscheinen müsste. Selbst der Logosaktivität wären in diesem Fall Grenzen gesetzt!
Zur selben Schlussfolgerung kommt man auch dann, wenn man Jesu Menschheit im Vergleich zum Logos nicht als ein 'physisches', sondern als ein biografisches Muster, also als ein 'Modellinstrument' auffasst: Ein 'Modellverhalten' Jesu als 'Offenbarungsinstrument' (= seine Biografie) unterliegt genauso den oben skizzierten drei Bestimmungsfaktoren. Auch in einem solchen Fall von 'Instrumentalität' (gegenüber dem Logos) müsste der Logos selber auf unüberwindliche Barrieren stoßen.
Die Frage also lautet: In welchem Sinne ist Jesus von Nazareth 'Gottes letztes Wort' an die Menschheit? Ist die Rede von der 'Unüberbietbarkeit der Offenbarung Gottes in Jesus von Nazareth' eine Rhetorikfigur christlicher Denkakrobatik? Diese Frage muss vorerst unbeantwortet bleiben,

da man aus der Inkarnationslogik heraus nur auf das Faktum der 'Selbstfestlegung' Gottes schließen kann: Gott (der Logos) spricht sich durch die Begrenztheit einer menschlichen Singularität 'unbegrenzt = endgültig' aus!

Möglicherweise meint die Rede von Jesus als dem ‚letzten Wort' Gottes an die Menschheit die Tatsache, dass Jesu Tod und Auferstehung die Realisierung des denkbar möglichen anthropologischen Heilsparadigmas darstellt.

Wir fassen zusammen: In diesem ersten Punkt unserer Arbeit stellten wir Jesus als ein Zufallsprodukt der Evolution dar: Wir gingen von dem lukanischen Methodenprinzip (Lk 1,1-4) aus, lasen Lk 3,23-38 evolutionstheoretisch und machten Jesu sexuelle Zeugung durch seine Eltern Josef und Maria plausibel. Dies zwang uns, uns ausführlich mit der damit zusammenhängenden dogmatischen Schwierigkeit von der 'Jungfräulichkeit Mariens' auseinander zu setzen. Wir fanden, dass dieser Lehrsatz in keiner Weise einer sexuellen Zeugung Jesu durch seine Eltern im Wege steht. Zuletzt machten wir auf zwei Schlussfolgerungen aus der Vererbung einer fremden DNA aufmerksam. Nun wenden wir uns einer weiteren Frage zu: Der genetischen Ausstattung Jesu.

2. JESU DNA-PROFIL

Im ersten Abschnitt dieser Arbeit beschäftigte uns die Frage nach dem Ursprung Jesu. In diesem zweiten Abschnitt greifen wir nun die Frage nach seiner genetischen Ausstattung auf (In der Sprache der Scholastik die Frage nach dessen *Natur*). Vorgesehen sind drei Punkte und ein Exkurs zur 'menschlichen' Person Jesu.

a) Die chromosomale Definition Jesu (= Mensch)

α) Der *polyploide* Chromosomensatz: Die klinische Sexologie kennt folgende polyploide Chromosomensätze bzw. abweichende männliche Karyotype:

48 XXYY (Häufig kleine äußere Geschlechtsorgane)

47 XXY (Klinfelter-Syndrom: Unterentwicklung des männlichen Erscheinungstypus, weibliche Erscheinungsformen)

47 XYY (Überdurchschnittliche Körpergröße, herabgesetzte Hemm- bzw. Angstschwelle)

46 XX (Kleine Hoden, infantile Psyche)

Weder ntl biografische Daten zu Jesus noch außerbiblische Berichte spielen auf irgendeine klinische Auffälligkeit bei ihm an. Die frührabbinische Polemik gegen das Christentum hätte sich eventuelle pathologische Symptome bei Jesus bestimmt nicht entgehen lassen. Die geistige und religiöse Statur Jesu, sein starker Antriebsmechanismus und seine kontrollierte Selbststeuerung stehen im Widerspruch zu irgendwelchen (manifesten) chromosomalen Beeinträchtigungen. Demnach ist davon auszugehen, dass Jesus einen normalen chromosomalen Bestand in seinen Zellen besaß. In der Sprache von Chalkedon also ein wahrer Mensch (ἄνθρωπος ἀληθῶς) war.

β) Der *diploide* Chromosomensatz: Der menschliche Körper baut sich im Durchschnitt aus ca. 100 Billionen Zellen auf. Diese Zellen werden in Körper- und Geschlechtszellen eingeteilt.

In den Kernen der Körperzellen befinden sich jeweils 46 Chromosomen: 46 XX bei der Frau und 46 XY beim Mann (männlicher Karyotyp). Laufend finden innerhalb der Chromosomen (Pufferzonen) die Prozesse der DNA-Transskription zum Zwecke der Proteinsynthese statt. Normalerweise liegen die Chromosomen im Zellkern in einer diffusen Form vor. Nur bei der Zellteilung (Mitose) werden sie in den einzelnen Zyklusphasen (Pro-, Meta-, Ana- und Telophase) sichtbar.

Als wahrer Mensch besaß also Jesus in jeder Körperzelle 46 XY Chromosomen.

γ) Der *haploide* Chromosomensatz: In den Hoden befinden sich die sogenannten Samenkanälchen, deren Länge mehrere hundert Meter ausmacht. Am Rande dieser Kanälchen, also in den äußeren Epithelschichten, werden die sogenannten Urspermien produziert, die im Laufe von ca. zwei Monaten zum Kanalhohlraum der Samenkanälchen hinwandern.

Im Laufe dieser Wanderungszeit von den äußeren Epithelschichten zum Kanalhohlraum hin setzen sie ihren ursprünglichen 46 XY-Chromosomensatz auf zwei Hälften zu je 22 + Y bzw. 22 + X Sätzen (= haploider Chromosomensatz = die eigentlichen Spermien) herab. Die Spermien werden dann in den Samenleiter gepresst, wo sie nachreifen und hernach ausgestoßen bzw. reabsobiert werden.

Da Jesus laut kirchlicher Aussage ein vollkommener Mensch und noch dazu auch ein vollkommener Mann war, liefen in seinen Hodenkanälchen die Meioseprozesse wie bei jedem normalen Mann ab.
Die Kirche sieht darin keine Verletzung seiner 'göttlichen' Würde, was irgendwie im Widerspruch zum Postulat seiner menschlichen Vaterlosigkeit steht: Warum soll er nicht durch ein natürlich gereiftes menschliches Spermium gezeugt worden sein, wenn er selber auf natürliche Art und Weise Spermien in seinen eigenen Hoden produziert hat ...!
Laut kirchlicher Tradition soll Jesus zeitlebens zölibatär gelebt haben: Kein Mensch nach ihm kann sich damit rühmen, Erbgutteile Jesu in seinem eigenen Genom (Genpool) zu besitzen, gleichsam ein 'Sohn Jesu' (= ein 'zweiter Sohn Gottes') bzw. ein später Nachkomme (etwa ein Ur- oder Ur-Urenkel) Jesu zu sein.
Als wahrer Mensch besaß also Jesus 46 XY Chromosomen in jeder seiner Körperzellen und 22 + X bzw. 22 + Y – Sätze in den Keimzellen.

Exkurs:
DER NATURBEGRIFF DES KONZILS VON CHALKEDON

An dieser Stelle bietet sich wie von selbst ein Vergleich zwischen dem 'chromosomalen' Naturbegriff Jesu und dem 'philosophischen' Naturbegriff des Konzils von Chalkedon, der in der Christologie eine eminente Rolle spielt, an. Das Konzil betrachtet die 'Natur' unter einem 'strukturellen' ('statischen') und unter einem 'dynamischen' Aspekt:

1. οὐσία (Wesen)

Aus dem christologischen Kontext geht eindeutig der philosophische Charakter der 'Definition' des Menschen, die es auf Jesus von Nazareth anwendet, hervor:

Das Konzil setzt bei der Individualität Jesu an, die es durch dessen Sohnschaft zu Maria ('geboren aus Maria ...') kennzeichnet, ordnet dann das Individuum 'Jesus' in unsere Population ein ('uns wesensgleich der Menschheit nach'), deutet an, dass am Menschen zahlreiche Aspekte berücksichtigt werden könnten ('uns in allem ähnlich ...') und reduziert schließlich in einem aufsteigenden Abstraktionsprozess die Bestimmungsmerkmale des Menschen auf zwei: Ein Lebewesen ist dann ein *Mensch*, wenn es erstens einen 'Organismus' (den wir Menschen aus der Erfahrung mit uns selbst kennen) und ein 'Prinzip, das logische Operationen' ermöglicht (ψυχή λογική), hat. Wie unschwer zu ersehen, erinnert diese Definition stark an die des Aristoteles (vgl. sein Forma-Materia-Prinzip). Es handelt sich überdies um eine 'strukturelle' (= statische) Definition. Sie gibt nur die Wesensbestandteile des Menschen wieder. Es ist dies eine qualitative Definition des Menschen, die auf dem Wege philosophischer Abstraktion erarbeitet worden ist. Die derart gewonnene Definition des Menschen wird schlussendlich auf Jesus (von Nazareth) angewandt: Weil er einen 'Organismus' und eine 'Geistseele, die logische Operation' ermöglicht, besitzt, ist er wahrer Mensch.

Vergleicht man nun diese 'Definition des Menschen' des Konzils von Chalkedon mit der 'chromosomalen Definition' des Menschen, so ergeben sich folgende Unterschiede:

Die Konzilsdefinition ist eine philosophische Definition, die chromosomale ist eine naturwissenschaftliche (biologische bzw. humangenetische) Definition. Die Konzilsdefinition ist eine qualitative (statische) Definition, die chromosomale Definition des Menschen hingegen ist formal eine quantitative (45 XY Chromosomen, die ca. 3×10^9 Nukleotiden umfassen) Definition des Menschen.

Die Konzilsdefinition führt ein vom Organismus verschiedenes Prinzip (= Geist-Seele), das logische Operationen ermöglicht, in die Definition des Menschen ein. Die chromosomale Definition braucht ein derartiges vom Organismus verschiedenes Prinzip der 'Logik' nicht: Bei Vorliegen einer ungestörten Entwicklung muss unter der Regie der Chromosomenanweisungen automatisch ein Zentralnervensystem ausgebildet werden. Dieses System, bzw. seine Morphologie und das Verschaltungsmuster seiner Neuronen ermöglicht 'logische' Operationen. Die chromosomale Definition des Menschen ermöglicht eine direkte Beziehung des göttlichen *Logos* zur σάρξ – (Fleisch), während das Konzil, um Apollinaris' Ansicht abzuwehren, sich genötigt sah, die 'Psyche' mit in die Definition des Menschen einzuführen, um einerseits die Vollständigkeit (Integrität) der Menschheit Jesu in der hypostatischen Union zu retten und andererseits die Unmittelbarkeit der Forma – Materia – Beziehung des Logos zum *Fleisch* abzuwehren.

2. φύσις (Natur)

Im Gegensatz zum 'Wesen', das eine Struktur betont, weist der Begriff 'Natur' auf die Ursprungsbeziehung dieser Struktur zu einem spezifisch konsistenten Verhalten hin: 'Natur' bestimmt die spezifische Dynamik der 'Struktur' und macht damit aus ihr ein *System*. Göttliche und menschliche 'Natur' sind demnach zwei aufeinander nicht reduzierbare Systeme, die jedoch wegen ihrer hypostatischen Union auf eine und dieselbe Aktivität, nämlich auf die Erlösung bzw. auf das Heil des Menschen eingesetzt werden (vgl. den späteren Monotheletismusstreit) .
Da nach dem Konzil aber das Heil des Menschen gerade in der 'inkarnatorischen' Ordnung grundgelegt ist (Vergöttlichung des Menschen!), reduziert sich die soteriologische Dynamik der beiden Naturen, der göttlichen und der menschlichen Natur Christi, auf ihre hypostatische Wechselaktivität. Dabei wird nicht an zwei Personen gedacht. Es ist ein und derselbe, der mit seinen beiden Naturen und nach ihrer spezifischen Art und Weise mit sich selbst wechselwirkt. Welche humaneigenen Prozesse unmittelbar und direkt an dieser hypostatischen Wechselwirkungsdynamik beteiligt sind und welche nur indirekt, darüber sagt das Konzil nichts. Anzunehmen ist, dass direkt die psychischen (kognitiven = logischen, emotionalen bzw. motivationalen und reaktionsoptimierenden Vorentwürfe hypostatischer Verhaltenskonsistenz) Prozesse daran mitbeteiligt sind und erst indirekt die molekularbiologischen des menschlichen Organismus Jesu. Ungelöst bleibt die Frage nach dem Kausalschema, das z.B. auf rein humanspezifische Verhaltens- und Handlungsvorgänge des

Gottmenschen anzuwenden wäre: Ist dabei das Schema der 'causa instrumentalis' anzuwenden? Bedient sich der Logos der menschlichen Aktivität Jesu als eines Instrumentes? Gilt dies auch in Bezug auf die molekularbiologischen Prozesse, die sich teilweise in Bruchteilen von Sekunden ereignen und dann wieder aufhören? Wie können Zeiten der Untätigkeit (z.B. der Schlaf und der Tod) in dieses Schema integriert werden?

Denn sollte tatsächlich nur der Logos vermittels seiner beiden Naturen mit sich selbst wechselwirken, dann muss durch das menschliche System dauernd das 'ens logale divinum' fließen, das die Vorgaben aller Dynamik bestimmt: Wir wissen jedoch, dass die chromosomal (molekularbiologisch) gesteuerten Prozesse im menschlichen Organismus in allen nicht hypostatisch unierten Fällen ohne das erwähnte 'ens logale divinum' ablaufen und sinnvoll Leben und Aktivität des Organismus absichern können.

Zusammenfassung: Es wurde in diesem Punkt eine chromosomale Definition des Menschen Jesus von Nazareth versucht: Wir sagten, Jesus ist deswegen Mensch, weil er durch einen 46 XY-Chromosomensatz entstanden ist und dieser Satz in allen seinen Körperzellen aktiv war mit Ausnahme der Keimzellen, wo er nur zu je zwei Hälften bestand.

Diese Definition wurde anschließend in einem Exkurs mit der offiziellen Definition des Menschseins Jesu durch das Konzil von Chalkedon verglichen, und zwar sowohl mit den statisch wie auch mit den dynamisch formulierten Definitionselementen. Wir stellten dabei Unterschiede fest (wie z.B. qualitative - quantitative Definition). Es ergaben sich auch Schwierigkeiten im Zusammenhang mit der Wechselwirkungsaktivität der beiden hypostatisch verbundenen Naturen.

Da der Mensch geschlechtsspezifisch existiert, nämlich als Mann und Frau, und Jesus ein Mann war, ist im Rahmen unseres Ansatzes auch nach dessen geschlechtschromosomaler Definition weiterzufragen.

b) Die geschlechtschromosomale Definition Jesu (= Mann)

α) Die biologische Festlegung des Geschlechts Jesu

Pränatale Geschlechtsbestimmung: bereits in den ersten acht Wochen der Embryonalzeit wurde Jesu Geschlecht chromosomal, gonadal, genital und zerebral festgelegt:

- Die chromosomale Geschlechtsbestimmung wurde gleich mit der Befruchtung des Eies seiner Mutter mit dem Y-Chromosomensatz des Vaters festgelegt. Denn die Anwesenheit des Y-Chromosoms bestimmt in jedem Fall die Entwicklung des männlichen Geschlechts. Es wird angenommen, dass die geschlechtsdifferenzierenden Gene am kleinen Y-Arm sitzen.

- Die gonadale Geschlechtsbestimmung verläuft etwas komplizierter: Die Plasmamembran der Zellen der Urgonade (Mesonephros) trägt Androgenrezeptoren. Diese Rezeptoren werden durch das am X-Chromosom gebundene TFM-Gen (Testicular Feminization Mutation) für Androgene empfänglich gemacht. Durch die Aktivität eines Antigens (Y-Chromosom) beginnt sich die Urgonade zu einem Hoden umzubilden. Bei Jesus waren also bereits in der 8. Embryonalwoche die Vor-Hoden ausgebildet. Schon in dieser embryonalen Frühzeit fingen sie an, drei Sorten von Hormonen abzusondern, die die weitere Geschlechtsdifferenzierung vorantrieben.

• Ausbildung des äußeren Genitalapparates: Die Ausbildung des männlichen Genitals wird durch drei Hormone (Testosteron, Dehydrotestosteron und MIF (Müllergang-Hemmfaktor) gesteuert.
Die Leydigschen Zellen in den Zwischenräumen der Hodenkanälchen beginnen schon ab der 8. Embryonalwoche Testosteron auszuscheiden, das die Wolff-Gänge zu den inneren männlichen Geschlechtsorganen ausdifferenziert, also die Ausbildung von Nebenhoden, Samenleiter, Samenbläschen und Prostata bedingt. Das Dehydrotestosteron wirkt auf die Ausbildung der äußeren Geschlechtsorgane ein (Penis und Hodensack).
Der MIF bewirkt die Degeneration der für die Ausbildung der weiblichen Geschlechtsorgane maßgeblichen Müllergänge.
Durch diese Vorgänge war also Jesu männliches Geschlecht schon im Laufe der ersten 8 Wochen der Embryonalzeit allseits festgelegt.

• Ebenfalls wurde in der pränatalen Zeit auch die unter dem Einfluss von Testosteron eingeleitete Ausdifferenzierung des Hypothalamus bzw. der Hypohyse (Adenohypophyse und Neurohypophyse) abgeschlossen: Die Spermiogenese in den Hoden wurde bereits in dieser Zeit an die hypothalamischen Hormonzentren angeschlossen.
Vermutlich werden im Laufe dieser Ausdifferenzierungsprozesse auch andere Hirnareale mitbetroffen, die eine geschlechtsspezifische (z.B. männliche) Informationsverarbeitung, Erlebnisweise und Handlungsplanung bedingen.
Die *perinatale* Geschlechtsbestimmung: Entscheidend für die Rolle, die ein menschliches Individuum im Leben zu spielen hat, ist die soziale Zueignung zu einem der beiden Geschlechter, die in der Regel bei der Geburt stattfindet. Bei der Geburt Jesu war der Fall klar. 'Es war ein Sohn!'

Die *postnatale* Geschlechtsbestimmung stand unter dem Einfluss der ab der Pubertät einsetzenden Hormone, die auch die phänotypischen Geschlechtsmerkmale endgültig ausprägen.
Biologisch betrachtet war also Jesus eindeutig ein Junge bzw. ein Mann und auch sozial wurde ihm die männliche Geschlechtsrolle zugewiesen. Diese zwei Faktoren genügen aber immer noch nicht, um eine Geschlechtsidentität allseits abzusichern.

β) Die psychische Geschlechtsidentität Jesu

Ein mitentscheidender Faktor bei der Übernahme der eigenen biologischen und sozialen Geschlechtlichkeit ist die persönliche Identifikation mit dem eigenen Geschlecht, also die psychische Komponente.
Die Ablehnung des eigenen biologisch und sozial (eindeutig) festgelegten Geschlechts kann zu einem dramatischen Lebensverlauf führen, wie dies heute die Statistik von transsexuellen chirurgischen Eingriffen belegt.
Nun gibt es im ganzen biblischen und außerbiblischen Schrifttum nicht die leiseste Anspielung darauf, Jesus hätte seine biologisch und sozial festgelegte Geschlechtsidentität abgelehnt.
Die heutigen Spekulationen über ihn als über den ersten 'androgynen' Menschen verbleiben im Reich der Phantasie, da ein derartiger klinischer Befund historisch in keiner Weise belegt werden kann.
Jesu Art zu denken, zu fühlen und sich zu verhalten, weist ihn eindeutig als Mann aus!

γ) Jesus und die Frau

Wir greifen diese Frage hier nicht nur aus systematischen Gründen auf, sondern auch wegen ihrer Aktualität: Bekanntlich ist dies ein Grundthema heutiger feministischer Theologie. Wir gehen kurz auf folgende Fragen ein: Auf die Frage nach Jesu Familienstand und auf dessen theoretischen Zugang zur Welt der Frau.

a. Jesu Familienstand: Nach der christlichen Überlieferung lebte Jesus zölibatär. Nicht alle teilen diese Meinung. Darum: War Jesus verheiratet? Jüdische und andere Neutestamentler leiten vom damaligen Gewohnheitsrecht ab, dass Jesus als 'Rabbi' verheiratet gewesen sein musste. Dies sind allerdings pure Annahmen. Denn der Schluss vom statistischen Durchschnittswert auf den Einzelfall der Gaußschen Normalverteilungskurve ist nicht zulässig. Überdies war Jesus kein 'ordinierter Rabbi' im rechtlichen Sinn. In der prophetischen und essenischen Tradition war die Ehelosigkeit durchaus bekannt. Das im ntl Schrifttum beobachtete Nahverhältnis Jesu zu Maria Magdalena verleitete manche apokryphen Schriftsteller, sie als eine Art Geliebte oder Lebensgefährtin Jesu (wenn nicht gar als seine Frau) anzusehen. Das Nahverhältnis ist aber einseitig und geht eindeutig von ihr aus. Solche Beziehungen sind zwischen Patientinnen und Therapeuten heute ausgiebig dokumentiert: Von Seiten des Therapeuten muss (außer bei der Psychoanalyse, wo es sich um eine kontrollierte Heilungstechnik handelt) keine betonte Gegenübertragung stattfinden. Es liegen also keine eindeutigen historischen Belege für einen Ehestand Jesu vor. Die Tradition kennt ihn nur als einen ehelosen Rabbi.

b. Jesu theoretischer Zugang zur Welt der Frau: Das Konzil von Chalkedon nennt Jesus zwar einen vollkommenen Menschen (τέλειος ἀνθρωπος), er war aber ein einseitiger Mensch, eben nur ein Mann und nicht zugleich eine Frau. Daraus ergeben sich für seinen Zugang zur Welt der Frau schwerwiegende Konsequenzen:

Jesus hatte *kein* unmittelbares Erfahrungswissen von der Frau. Denn er hatte keine unmittelbare Erfahrung mit der weiblichen Anatomie, Physiologie, Strategie der Informationsverarbeitung, der Erlebnisweise, der sozialen Wahrnehmung und der Verhaltensmuster.

Noch konkreter: Jesus hatte keine unmittelbare Erfahrung von Schwangerschaft, Geburt, hormonell gesteuertem Pflegeverhalten und Mutterliebe. Er wusste nicht aus eigener Erfahrung, was ein verliebtes pubertierendes Mädchen empfindet. Er wusste nicht aus eigener Erfahrung, was der seelische Notstand der Frau eines gewalttätigen Alkoholikers, Rauschgiftsüchtigen, Sexualtäters, eines Schwerkriminellen bedeutet. Er wusste nicht aus eigener Erfahrung vom seelischen Elend einer arbeitslosen Geschiedenen mit Kleinkindern. Als Mann mangelte ihm diese unmittelbare menschliche Erfahrungswelt. Woher hat er dann sein Wissen über die Frau und ihre Probleme, z.B. in ihrer Partnerschaft?

Vermitteltes Wissen: Da also Jesus keine unmittelbare Erfahrung mit der weiblichen Seite des Menschseins hatte, war sein Wissen darüber ein 'vermitteltes', ein gelerntes, ein theoretisches Wissen.

Jedes theoretische, vermittelte Wissen aber ist ein auf das Wesentliche reduziertes, begriffliches, abstraktes Wissen. Ein derartiges Wissen lässt rein methodisch eine ganze Menge Erfahrungsvariablen außeracht. In diesem Licht betrachtet, sind auch seine ehetheoretischen und 'scheidungsrechtlichen' Standpunkte zu würdigen.

Sie verstehen sich von selbst als theoretische, allgemeine, realitätsferne, abstrakte Regelungen bzw. standardisierte Folgekontrollen (= Normen).

Ganz im Sinne ihres vermittelten und rein theoretischen Charakters dürfen sie nicht unbesehen auf die Komplexität der Partnerbeziehung bzw. des Ehelebens angewandt werden. Das dürfte auch in der Absicht Jesu selber gelegen gewesen sein, als er sie vor- bzw. festlegte. Der Einwand dagegen, Jesus habe sich hier auf sein 'göttliches' Wissen berufen, trifft insofern nicht zu, als das Thema 'Mann-Frau' nicht unbedingt ein Offenbarungsinhalt zu sein braucht. Dieses Thema ist heutzutage adäquater Gegenstand verschiedener Humanwissenschaften (z.B. der Evolution, der Anatomie, der Physiologie, der Psychologie, der Soziologie, der Ethnologie, der Verhaltensforschung, der Philosophie, der Rechtswissenschaften usw.). Bei diesem Thema beruft sich Jesus selber auf die Schöpfungsordnung, die den menschlichen Erkenntnismöglichkeiten durchaus angemessen ist. Er spricht also in diesem Kontext nicht als 'göttlicher Offenbarer'. Er verweist bloß auf Gesetzmäßigkeiten, die er auf den Schöpfer zurückführt.

Wir haben uns zusammenfassend mit der Frage nach der geschlechtschromosomalen Definition Jesu befasst. Wir besprachen die biologische Festlegung des Geschlechts Jesu, indem wir auf pränatale, perinatale und postnatale Vorgänge hinwiesen, die sein Geschlecht mitbestimmten. Wir erwähnten anschließend die psychische Determinante seiner Geschlechtsidentität, nämlich seine persönliche Identifikation mit seinem eigenen männlichen Geschlecht, und schlossen die Phantasien um sein 'Androgyn-sein' als esoterische Wunschvorstellung aus.

Aus den Darlegungen ging eindeutig hervor, dass Jesus nicht nur ein echter Mensch, sondern auch ein echter Mann war. Aus diesem einseitigen Existenzial seines Menschseins heraus besprachen wir kurz auch seinen Familienstand und sein vermitteltes, theoretisches Wissen über die Welt

der Frau. Daraus ergaben sich einige Überlegungen über den 'Offenbarungscharakter' seiner ehetheoretischen bzw. eherechtlichen Anschauungen und Bestimmungen.
Die chromosomale Definition Jesu erwies ihn als Mensch, die Geschlechtschromosomale als Mann. Der 'genetische Fingerabdruck' weist ihn als ein Individuum aus. Darauf geht folgender Punkt ein.

c) Jesu DNA-Profil (= Individuum)

α) Jesu genetischer Fingerabdruck

- Kombinatorik: Die durch die Kombination bzw.Variation der beiden haploiden Chromosomensätze von Vater und Mutter mathematisch möglichen Genommuster belaufen sich auf eine unvorstellbare Zahl. Jedes dieser Muster stellt (mit Ausnahme vielleicht des Musters von eineiigen Zwillingen) eine unwiederholbare, einmalige Struktur dar = eine Singularität.
- Zufallsereignis: Die tatsächliche Realisierung eines dieser mathematisch möglichen Muster von 46 XX bzw. 46 XY Chromosomensätzen ist theoretisch nicht ableitbar, weil eben einmalig. Sie ereignet sich nur durch Zufall, d.h. das Muster, das durch die Eibefruchtung zu existieren beginnt, stellt ein 'Zufallsereignis' dar. Ob die Genkartierung in Zusammenarbeit mit der IVF-Technik eines Tages in der Lage sein wird, gezielt weibliche und männliche Chromosomensätze so zu kombinieren, dass daraus ein im vorhinein in allen Einzelheiten vorentworfenes Kombinationsmuster der beiden Chromosomensätze zustande käme, ist noch eine offene Frage.
- Aber selbst in einem solchen Fall verbleibt der Zweifel, ob trotzdem Dominanz und Rezissivität der Allele (also deren phänotypische Expres-

sion) voll und ganz in den Griff zu bekommen sein werden, da die Störvariablen kaum allseits kontrolliert werden können. Vermutlich wird die Genkombination für immer letztendlich ein Zufallsereignis bleiben.

• Aus dem Ganzen ist zu schließen, dass jeder existierende Mensch eine Singularität darstellt.

Führt man an dieser Stelle die philosophische Terminologie von 'Natur' und 'Individuum' ein, so kann man die DNA-Sequenz von ca. 3×10^9 Nukleotiden, verpackt im Normalfall in 46 XX bzw. 45 XY Chromosomen, als *die menschliche Natur* im Sinne des genetischen Programms des Menschen bezeichnen. Die *Individualität* des Menschen würde dann durch die einmalige und unwiederholbare, singuläre Kombination der DNA-Sequenz bzw. der Gene begründet sein. Dies gilt auch im Falle des Jesus von Nazareth: Sein genetischer 'Fingerabdruck' ist einmalig und unwiederholbar, weswegen er ein unverwechselbares Individuum bleibt.

Selbst, wenn man von der Vorstellung ausginge, dass das Y-Spermium unmittelbar von Gott ex nihilo sui et subjecti erschaffen worden ist, verbleibt Jesus von Nazareth trotzdem ein 'Zufallsereignis', da die im erwähnten Y-Sperma verpackte DNA-Sequenz sich zur im Ei verpackten DNA-Sequenz komplementär verhält. Diese aber ist bereits als nicht erschaffen, sondern im Eierstock Mariens gereift, stammesgeschichtlich zufallskombiniert.

Es bleibt also dabei: Jesus von Nazareth ist eine humangenetische ***Singularität*** (= Individuum).

β) Das Vita-Jesu-Unternehmen

Eine ‘Singularität’ kann nicht begrifflich vermittelt werden, da sie ins Allgemeine aufgelöst werden müsste, was ein Widerspruch in sich wäre. Dies zieht für eine ‘Vita-Jesu’ ernste Konsequenzen nach sich, denn:
Eine ‘Singularität’ kann nur sensorisch wahrgenommen werden. Dies war nur wenigen Zeitgenossen Jesu gegönnt. Jede Art von späteren ‘Jesusbiografien’ ist dazu verdammt, gerade das Eigentliche an ihm nicht treffen zu können. Sie muss ein mehr oder weniger gelungener Annäherungsversuch an seine Singularität bleiben. Da hilft auch das Diltheysche Prinzip nicht weiter, nach dem erst eine ‘abgeschlossene’ Biografie dem Verständnis des Historikers zugänglich sein kann. Auch der nachträgliche Überblick über sein Leben vermag nicht das zu erschließen, was sein Eigentliches ist: Er bleibt letztendlich ein Rätsel!
Gerade dieser Umstand macht jede Art von ‘Vita-Jesu’ anfällig für die Einflüsse des gestaltpsychologischen Gesetzes der ‘Geschlossenheit’. Denn es besteht die große Gefahr, dass der Biograf (auch der ntl ‘Biograf!’) die infolge Jesu Singularität offen bleibenden ‘Lücken’ unbewusst durch projektive Elemente auffüllt und schließt. A. Schweizer, der 150 Vitae-Jesu untersucht hat, kommt ebenfalls zum selben Schluss: ‘Es gibt kein persönlicheres historisches Unternehmen, als ein Leben – Jesu zu schreiben!’
Jede Vita-Jesu hat deswegen ihre lernpsychologischen Tücken, denn sie ist beseelt vom Wunsch, die *Nachfolgeidee* in der Gestalt eines konkreten Lebensmodells darzustellen. Und da kann der inkompetente Leser oft die subjektiven Persönlichkeitsvorstellungen des Biografen, die er (unbewusst) in seine ‘Vita-Jesu’ hineinprojiziert, mit ‘authentischen’ Persönlichkeitsmerkmalen Jesu verwechseln. Das nachgeahmte Modell wäre

dann teilweise ein ‘Fremdmodell’, dem nicht unbedingt Gottes Segen gilt. Religionspädagogisch könnte dies u.U. eine Katastrophe werden: Eine solche Vita-Jesu würde zwar einen Weg aufzeigen, der aber nicht der Weg Gottes sein muss.

Jesus sagt zwar, dass **er** der Weg zum Vater ist, nicht aber dass sein Biograf der Weg dazu ist.

Jesus von Nazareth ist somit eine genetische Singularität, unzugänglich im Grunde für ‘Fleisch und Blut’. Die These von der genetischen Singularität Jesu legt die Frage nach seiner menschlichen Person nahe, auf die wir anschließend kurz eingehen wollen.

Exkurs: DIE MENSCHLICHE PERSON JESU

Diese Frage gehört zu den schwierigsten Problemen der Christologie. Seit Chalkedon gilt nämlich die Formel Μία ὑπόστασις – ἐν δύο φύσεσιν (Eine Person – in zwei Naturen). Die Forschung hat sich bisher auf den Begriff ὑπόστασις (Person) konzentriert und ist bis auf den heutigen Tag wohl kaum einen nennenswerten Schritt voran gekommen. Wir beschränken uns im Rahmen unserer Arbeit nur auf einige wenige Aspekte dieser Frage:

1. Die menschliche Person Jesu (= persona humana)

a) Begriff

Der Begriff 'Person' hat im Laufe der Jahrhunderte verschiedene Akzentuierungen erfahren, die wir kurz zusammenfassen wollen:

• Die *theologische* Persondefinition setzt erst mit dem Christentum ein. Besonders seit dem Konzil von Nikaia (325), auf dem die innergöttliche Logosbeziehung zum universalkirchlichen Dogma erhoben worden ist, begann eine intensive theologische Reflexion über den Personbegriff.

Eine erste begriffliche Abgrenzung erzielten die Kappadokier (Basilius, Gregor von Nyssa und Gregor von Nazianz). Sie erarbeiteten den Unterschied zwischen οὐσία (Wesen) und ὑπόστασις (Person). Die Hypostasis wurde später im Gegensatz zum 'Wesen' als 'Relation' aufgefasst.

Dieser Begriff von 'innertrinitarischer Person' findet in der klassisch gewordenen Formel der lateinischen Theologie seine schärfste Formulierung: '*In Deo omnia sunt unum, ubi non obviat relationis oppositio*'. Augustinus dehnte den Relationsbegriff auch auf den Menschen aus: Der Mensch ist zutiefst eine 'Relation' auf Gott hin. Seine Formel dafür ist allgemein bekannt: 'Tu excitas, ut laudare te delectet, quia fecisti nos ad te et inquietum est cor nostrum, donec requiescat in te' (Conf. Lib. 1,9-11). Der moderne Personalismus ersetzte zwar den Augustinischen terminus ad quem (Gott) der Relation durch das menschliche Du (vgl. Buber: 'Ich werdend spreche ich Du'), behielt aber im Grunde die Auffassung von Person als 'Relation' bei. Die Augustinische Persondefinition findet sich auch in Rahners 'transzendentaler Anthropologie' wieder. 'Person' ist nach dieser Auffassung letztendlich eine 'Relation' (auf Gott hin bzw. auf das menschliche Du hin).

• Die *philosophische* Persondefinition geht auf Anicius Manlius Boéthius (480-525) zurück. Erstmals liegt eine im Sinne der aristotelischen Definitionstheorie (genus proximum et differentia specifica) wissenschaftliche (philosophische) Definition vor, die lautet: *Persona est rationalis naturae individua substantia.* Diese Definition betont im Gegensatz zur theologisch gefassten Persondefinition die Unabhängigkeit bzw. den Selbstand der Person. Die Wirkungsgeschichte dieser Definition war enorm, denn sie wirkte bis in Sartres Atheismus im Namen der menschlichen Autonomie nach. Vergleicht man die beiden Definitionsansätze, die theologische und die Boéthische Definition, so fällt ihre konträre Gegensätzlichkeit zueinander auf. Beide Definitionen sind Extrempositionen: Auf der einen Seite ist die Person vorwiegend 'Relation', auf der anderen 'Selbstand'.

• Die *naturwissenschaftliche* Persondefinition: Mit dem Aufkommen der Kybernetik, der Wissenschaft von den sich selbst steuernden Systemen, wurde ein neuer Kontext geschaffen, der eine 'naturwissenschaftliche'

Persondefinition erlaubt. Demnach könnte man 'Person' definieren *als einen existenten singulären biologischen Organismus, der artspezifisch auf bewusste Kommunikation durch artikulierte Lautsprache genetisch vorprogrammiert ist.*

Vergleicht man diese Definition mit der theologischen und der Boéthischen, springt deren Mittelstellung zwischen den beiden in die Augen. Denn sie betont in einem sowohl den Selbstand (singulär) als auch die Relation (Kommunikation durch artikulierte Sprache aufgrund genetischer Vorprogrammierung). Man kann diese Definition der Person als eine 'systemische Persondefinition' bezeichnen.

b) Anwendung des Begriffs

Gehen wir von der systemischen Persondefinition aus (Person ist ein existenter singulärer biologischer Organismus, der artspezifisch auf bewusste Kommunikation durch Wortsprache genetisch vorprogrammiert ist) ergibt sich eindeutig, dass Jesus auch eine menschliche Person war, denn:

- Nach den bisherigen Ausführungen (vgl. z.B. Jesu genetischer Fingerabdruck) war er ein singulärer biologischer Organismus.

- Zum anderen steht fest, dass Jesus sich durch artikulierte Sprache (Aramäisch bzw. Hebräisch) mitgeteilt hat. Seine Lehre und Verkündigung erfolgten durch die Wortsprache, und zwar durch die Laut-, nicht durch die Schriftsprache, die nur eine Nachzeichnung der Lautsprache, also der eigentlichen digitalen Ursprache des Menschen, ist.
- Dass Jesus zur lautwörtlichen Sprache auch artspezifisch genetisch vorprogrammiert war, darüber klärt uns die Hirnanatomie und –physiologie auf. Wenn keine genetische, pränatale, perinatale und postnatale Beeinträchtigungen stattfinden, entwickeln sich bei jedem menschli-

chen Individuum hirnanatomische Sprachareale, die die Lautsprache programmieren und steuern.

Diese Areale liegen bei Rechtshändern in der Regel in der linken Hirnhemisphäre, bei den Linkshändern in der rechten Hirnhemisphäre.

Die sprachlichen Rindenfelder sind: Das Hörzentrum im Schläfenlappen, das Wernicke Zentrum im Scheitellappen, das motorische Zentrum (der Zunge und des Rachenapparates) im Stirnlappen und das Brocazentrum ebenfalls im Stirnlappen (es enthält die Sprechprogramme). Zum artikulierten Sprechen ist auch eine besondere Beschaffenheit des Rachenraumes und die Senkung des Kehlkopfes erforderlich. Stammesgeschichtlich betrachtet, begann sich der Rachen schon beim homo erectus in Richtung Kehlkopfsenkung umzubauen, da man an Schädelbasisabgüssen eine 'Basisknigge' feststellen kann, die darauf hinweisen soll.

Auf Jesus trifft also in vollem Umfang die systemische Definition der menschlichen Person zu. Er war artspezifisch auf Kommunikation durch artikulierte Laut-Sprache genetisch vorprogrammiert und in ein menschlich digitales Kommunikationsnetz einbezogen, dem er nicht entrinnen konnte. Er war in einem Sender und Empfänger von Mitteilungen und Botschaften. Nicht nur war er gezwungen, Mitteilungen von sich zu machen, Beziehungen zu definieren, Wünsche herauszuhören und auf Diskussionen einzugehen, sondern er selber wurde beurteilt, definiert, angenommen und abgelehnt.

Der kommunikative Regelkreismechanismus beschränkte sich nicht nur auf dyadische Kommunikationsstrukturen, sondern er wurde auch in ein ganzes kommunikatives Kultursystem integriert, wie wir dies schon weiter oben vermerkt haben.

2. Das Selbstkonzept Jesu

Zum Personbegriff gehört das (potentielle bzw. aktuelle) Bewusstsein. Wer kommuniziert, definiert auch sich selbst. Folgende Hinweise belegen teilweise Jesu 'menschliches' Selbstkonzept:

a) Jesu Selbstbild

Das Selbstbild umfasst das eigene Körperschema, die Kenntnis der eigenen psychischen Kräfte und Funktionen und das Wissen um die eigene soziale Position, Rolle bzw. um den eigenen sozialen Status.

Außer den paar zufällig geäußerten Empfindungen homöostatischer Zustände, dass er nämlich Durst und ‚Schlafprobleme' hatte, spricht Jesus nur ein einziges Mal von seinem Leib ('Das ist mein Leib'), ansonsten verliert er kein Wort darüber. Dass er aber ein 'Schema' von seinem eigenen Körper gehabt haben musste, ist mit Sicherheit der Fall, da die Sinnesdaten auch in Bezug auf seinen eigenen Körper hinmorphologisch und physiologisch 'schematisch' verarbeitet wurden (vgl. die Phänomene der Größen-, Form- und Dingkonstanz in der Wahrnehmungspsychologie).

Ähnliches gilt auch in Bezug auf die Kenntnisse seiner psychischen Fähigkeiten und Möglichkeiten: Er stellt zwar nie direkt Intelligenzvergleiche (IQ) mit seiner Bezugsgruppe (Handwerker, später Rabbiner) an. Er spricht auch nicht wahllos über seine Gefühlswelt, obwohl er starker Gefühle fähig war. Nur hie und das zeigt er Vorlieben, z.B. für die nordgaliläischen Städte Kephar Naum, Gorazim, Bet Zaidah und für bestimmte Personengruppen (z.B. für die Kinder). Dass er aber auch von seinen psychologischen Funktionen und Kräften irgendein 'Schema' gehabt haben musste, wird durch den Umstand seiner auffallenden Selbstkontrolle und Selbststeuerung nahegelegt.

Jesus spricht auch fast nie von seiner sozialen Schichtzugehörigkeit, von seiner Verwandtschaft und von seiner Abstammung. Außer einer gelegentlichen Anspielung auf seine dynastische (David) Herkunft verliert er kein Wort mehr über seinen gesellschaftlichen Status.

Es liegen über Jesu Selbstbild äußerst spärliche Daten vor, die kein abgerundetes Selbstschema aufbauen lassen. Selbst seine Reaktionen auf die Kommentare zu seiner Person sind eher durch Ignorierung bzw. durch Desinteresse gekennzeichnet als durch eindeutige Stellungnahmen dazu.

b) Jesu Selbstbewertung (Selbstwertgefühl)

Jesu Selbstbewertung (und Selbstwertgefühl) ist fast noch geheimnisvoller als sein Selbstbild. Zwei Beobachtungen im ntl Material geben den Exegeten Rätsel auf:

Die Sache mit dem *Menschensohn*, die exegetisch kaum zu bewältigen ist und die Sache mit der *Nachfolge*.

Jesus scheint überzeugt gewesen zu sein, dass Gelingen oder Scheitern des menschlichen Lebens sich an der Beziehung zu seiner Person entscheiden würde (vgl. das Gleichnis vom Weinstock, das später Paulus in das abstrakte 'stare bzw. esse in Christo' übersetzen wird).

c) Jesu Verhaltenskonsistenz

Historisch sicherer als die Daten zu seinem Selbstbild und seiner Selbsteinschätzung sind die Informationen über seine 'Verhaltenskonsistenz', die immer mit dem eigenen Selbstbild und Selbstwertgefühl zu tun haben, da ja 'Verhaltenskonsistenz' situationsunabhängiges Verhalten bedeutet. Das historisch sicherste Faktum im Leben Jesu ist die Tatsache,

dass er wegen seiner Überzeugung hingerichtet (gekreuzigt) wurde. Die daran mitbeteiligten Personen sind historisch bekannt (der Präfekt Pontius Pilatus [26-36] und Kajaphas, der jüdische Kohen Ha Gadol [Hoher Priester] in Jerusalem in den Jahren 18-37 n.Chr.). Jesus blieb seinem Selbstverständnis und seiner Selbsteinschätzung bis in den Tod hinein treu: Er zeigte Charakter!
Jesus musste also doch ein Selbstkonzept, ein Selbstbild, ein Selbstwertgefühl gehabt haben, und zwar ein so ausgeprägtes, dass er situationsunabhängig, und 'selbstschemageleitet' durch Leben und Tod ging.

3. Jesu menschliches Ich

Ein Selbstkonzept ist das Selbstschema eines *Ichs* (eines Subjektes). Demnach muss kurz auf Jesu menschliches 'Ich' eingegangen werden, wobei wir zunächst ganz allgemein den Begriff 'Ich' zu definieren versuchen, um ihn dann auf Jesus anzuwenden:

a) Der Ich-Begriff

Mit dem Pronomen 'Ich' bezeichnet das menschliche Individuum einen Inhalt mit drei Komponenten, nämlich eine Singularität, eine absolute Differenz und die Identität.

- Singularität: Jeder Mensch hat ein DNA-Profil (genetischen Fingerabdruck), das ihn zu einer unwiederholbaren Einmaligkeit konstituiert. Dieses DNA-Profil ist grundsätzlich der menschlichen Forschung zugänglich und erkennbar (vgl. das Human-Genom-Projekt).

Dem einzelnen menschlichen Subjekt jedoch ist sein DNA-Profil im Alltagsvollzug unzugänglich. Vielleicht wird es in der Zukunft durch die Einführung von Genkarten anders!

Im Alltagsvollzug der Lebensvorgänge sind eher die makroskopischen Erscheinungsformen des eigenen DNA-Profils (Phänotyp) zugänglich als die molekularbiologischen Verhältnisse. Die durch das DNA-Profil bedingten phänotypischen Merkmale, die kategoriale Merkmale darstellen, stehen nicht isoliert jedes für sich da, sondern in Beziehung zueinander, sodass daraus eine unverwechselbare Struktur (Gestalt) entsteht.
Diese Gestalt kann wegen ihrer Einmaligkeit nur durch eine Urerfahrung intuiert werden, da im Sinne der aristotelischen Erkenntnislehre (actus specificantur ab objecto formali) das Objekt in diesem Fall eben als einmalig, abstrakt nicht fassbar ist. Mit dem Fürwort 'Ich' drückt das menschliche Individuum gerade diese Urerfahrung seiner eigenen genetischen Einmaligkeit aus bzw. seiner primären Selbststruktur.
Sekundär teilt es damit auch sein 'Selbstkonzept' mit, das über das DNA-Profil hinausgeht, da es auch biografisch erworbene Merkmale mit in die DNA-profilbedingte Einmaligkeitsstruktur integriert.

• Differenz: Die Einmaligkeit ist nur die eine Seite des Ichinhalts. Denn die Intuition der eigenen genetisch grundgelegten Singularität bedingt auch die eigene Selbstabgrenzung allen anderen Objekten und Subjekten gegenüber: Das menschliche Individuum wird sich seiner 'absoluten' (kategorialen) Differenz bewusst. Auch diese Komponente wird mit dem Pronomen 'Ich' mitgeteilt. Damit wird nämlich dem Interaktions- und Kommunikationspartner signalisiert, dass sich der Sprechende bewusst ist, dass das System Mensch in ihm nicht nur anders als anderswo funktioniert, sondern dass es auch anders existiert. Damit wird auch die eigene absolute Unverfügbarkeit beansprucht.

• Identität: Der 'Ich-Ursinn' erfasst auch die dynamische Komponente des Ich-Inhalts. Die phänotypische Gestalt des DNA-Profils, die Kom-

plexität von Objekten und Subjekten, von denen sich das menschliche Individuum abgrenzt, befinden sich nämlich in ständigem Wandel in Bezug auf ihre Elemente. Das DNA-Profil bzw. die Strukturverhältnisse im phänomenalen wie molekularbiologischen Bereich bleiben stets konstant.
Mit dem Pronomen ‘Ich’ drückt das Individuum aus, dass die Struktur des Subjektes, dem die genetisch bedingten, bzw. im Prozess des Lernens erworbenen Merkmale zugeschrieben werden, unverändert bleibt und vom phänotypischen Gestaltwandel nicht betroffen ist, dass es also stets sich selbst ‚identisch’ bleibt.
Das ‘Ich’ drückt somit das subjektive Bewusstsein von der phänotypisch (kategorial) vermittelten Singularität des eigenen DNA-Profils aus, und damit auch die eigene absolute Differenz allen Subjekten und Objekten gegenüber und die eigene ‚strukturelle Unveränderlichkeit’ im zeitlichen Wandlungsprozess.
Versuchen wir nun, den so umschriebenen Ich-Begriff auf den Menschen Jesus von Nazareth anzuwenden.

b) Jesu menschliches Ich

Der Klarheit halber ist es ratsam, sich an die drei Komponenten des Ich-Inhalts zu halten.

- Singularität: Jesus spricht von der Chance seiner Zeitgenossen, jemanden sehen und hören zu dürfen, den zu sehen und zu hören sich unzählige Menschen wünschen werden bzw. gewünscht hätten. Jesus sieht sich an dieser Stelle als einen exklusiven, einmaligen, singulären Menschen an. Dass er sich hier als Mensch versteht, geht daraus hervor, dass er die optischen und akustischen Prozesse anspricht, die nur durch Objekte gereizt werden können, von denen elektromagnetische bzw. mechanische Wellen ausgehen.

- Differenz: Schon als 12-jähriger gab er eindeutig sogar jenen, die die größte genetische Gemeinsamkeit mit ihm hatten (seinen Eltern) zu verstehen, dass er 'anders' sei als sie: 'Wusstet ihr nicht, dass ich ...' anders denke, fühle und will? Hier wird eindeutig der Anspruch auf absolute Differenz gegenüber allen anderen Subjekten erhoben. Niemand darf über ihn verfügen, außer er stellt sich selbst freiwillig zur Verfügung. Denselben Anspruch auf Unverfügbarkeit auch für die menschliche Justiz erhebt er im Gerichtssaal (Lithostrotos).

- Identität: Vor Kajaphas bekennt er, dass er derselbe ist, der vor Tagen offen und unbehelligt im Tempel gelehrt hat und der jetzt als Beschuldigter vor ihm steht.

Es gibt auch andere 'Ichäußerungen' Jesu, die zur einen oder anderen Komponente gerechnet werden können, doch die angeführten Beispiele zeigen eindeutig, dass Jesus ein ausgeprägtes menschliches 'Ich'-Bewusstsein gehabt hat.

Der subjektive Aspekt der menschlichen Person Jesu umfasst also ein *Selbstkonzept* und sein *Ich*:

Jesu Selbstbild und Selbstwertgefühl sind zwar schwer zu rekonstruieren, doch der Umstand, dass er eine selbstschemageleitete Verhaltenskonsistenz bis in den Tod hinein gezeigt hat, lässt auf ein ausgeprägtes Selbstschema in ihm schließen.

Dieses Selbstschema wurde in seinen Ich-Inhalt integriert, der durch die Komponenten der Singularität, Differenz und Identität gezeichnet war.

Daraus geht eindeutig hervor, dass Jesus sowohl im objektiven wie auch im subjektiven Sinne eine menschliche Person im vollem Sinn war.

Hier würde sich die Frage nach der Möglichkeit einer 'hypostatischen Union' anschließen, doch dieses schwierigste christologische Problem würde den Rahmen unserer Arbeit sprengen. Darum nur eine kurze Bemerkung dazu.

4. Μία ὑπόστασις – ἐν δύο φύσεσιν

a) Das Ur-Modell

• Die Natur Gottes begründet notwendig innergöttliche Relationen. Die Relationen konstituieren aber in Gott die Personen. Also: Die Natur Gottes kann ohne das Personsein weder existieren noch gedacht werden.

• Die innergöttlichen 'Personen' sind nicht aufeinander reduzierbar: Der Vater kann nicht auf den Sohn und dieser nicht auf den Hl. Geist reduziert werden.

b) Das Nachbild

• Die 'menschliche' Natur muss verglichen mit der göttlichen Natur, deren Nachbild sie ist, ebenfalls mit dem Personsein ihres Trägers so verbunden sein, dass sie ohne das Personsein ebenfalls weder existieren noch gedacht werden kann. Ein Eingriff in das *Personsein* des Menschen ist zugleich auch ein Eingriff in dessen Natur: Sie wird zerstört.

• Denn das, was die Person ausmacht, ist vom Begriff her nicht mitteilbar (inkommunikabel) d.h. nicht universalisierbar. Denn das Konstitutivum der Person besteht in der durch die Singularisierung der (menschlichen) Natur begründeten einmaligen (singulären) Beziehung zur Existenz bzw. dieser zur Natur-Singularisierung.

Eine Universalisierung des Nicht-universalisierbaren (singulären) ist ein Widerspruch in sich, von der menschlichen Logik also nicht nachvoll-

ziehbar. Rein logisch gedacht, kann somit keine Person eine andere sub ratione personalitatis in sich aufnehmen.
Die menschliche Logik allerdings ist die niedrigste geistige Erkenntnisstufe. Vielleicht kann hier Gödels Unvollständigkeitssatz weiter helfen.

c) Die Formel 'Eine Person – in zwei Naturen'

• Sie ist nur im Sinne einer 'Vor-/Nachbild' - Beziehung zu verstehen. Die menschliche Person Jesu ist die denkbar komplexeste und singulärste, einmalige, nicht wiederholbare Nachbildung der 2. Person in Gott.

• Die 'nachösterliche Unio hypostatica' verhält sich zur 'vorösterlichen Unio hypostaica' wie ihre πνεύμα – zu ihrer σάρξ – Existenweise (= analog!). Die christologische Formel von Chalkedon lässt sich nicht anders verstehen. Die Verständnisschwierigkeiten leiten sich zum Großteil davon ab, dass in diesem Zusammenhang lange Zeit nur von 'der' Natur gesprochen wurde, weniger aber von der Eigenart der 'menschlichen' Natur und ihrer Wechselbeziehung zum Personsein des Menschen!

Zusammenfassung von Teil 1

In diesem ersten Teil unserer Arbeit setzten wir uns mit der Gestalt des Jesus von Nazareth auseinander.
Wir stellten fest, dass er im Sinne des lukanischen Methodenprinzips und der heutigen Schöpfungsbegrifflichkeit durchaus als ein Zufallsprodukt der Evolution aufgefasst werden kann. In diesem Zusammenhang ist er in Liebe von seinen Eltern (einem Menschenpaar aus unserer Stammesgeschichte) sexuell gezeugt worden.
Wir fanden heraus, dass dies in keiner Weise dem heilsgeschichtlich zu verstehenden Begriff der 'Jungfräulichkeit Mariens' widerspricht.

Zum zweiten besprachen wir Jesu DNA-Profil und kamen zum Ergebnis, dass er chromosomal gesehen ein gesunder, wahrer Mensch war, dass er geschlechtschromosomal und psychisch ein Mann war und dass ihn sein *genetischer Fingerabdruck* (= sein DNA-Profil) zu einem singulären, unverwechselbaren Individuum unserer Stammesgeschichte macht.

Daran schlossen wir die Diskussion der sehr schwierigen Frage nach der menschlichen Person Jesu an und fanden heraus, dass auf ihn die *systemische Persondefinition* durchaus zutrifft und dass er auch im menschlichen Sinne eine Person darstellt. Mit einer kurzen Bemerkung zur 'Hypostatischen Union' schlossen wir Teil 1 der Arbeit ab.

Teil 2: DER HL. GEIST

Jesus von Nazareth ist die eine Person, auf die das Neue Testament das Christentum zurückführt. Die zweite Person, worauf es das Christentum zurückführt, ist die Person des Hl. Geistes: Er ist der Architekt des Heils, und zwar in theoretischer und praktischer Hinsicht.

In theoretischer Hinsicht insofern, als er der Welt vorführt, was Sünde und was Heil ist, indem er sich der 'Biografie' Jesu als des neuen Heilsparadigmas bedient und dadurch in klaren Widerspruch zur menschlichen Logik gerät.

In praktischer Hinsicht insofern er sein Heilswirken auf alle Menschen ausnahmslos ausweitet, sie durch seine persönliche Eigenart in das innergöttliche Leben mit einbezieht und sie zu einem ethischen Verhalten anleitet, das nur ein Nachvollzug seiner eigenen innertrinitarischen 'Funktion' ist.

Demnach werden wir uns in diesem zweiten Teil der Arbeit mit folgenden Fragen auseinandersetzen:

Die Logik Gottes

Die Universalität des Heilswirkens des Hl. Geistes

Die Pneumatizität (Mystik und Ethik) des christlichen Lebensvollzugs

1. DIE LOGIK GOTTES

Gott ist das *„Ur-faktum"*. Ihm fehlt als Subjekt und Objekt der Charakter der Ableitbarkeit, also der ‚Logik'. Er ist per definitionem ‚metalogisch'. Seine Art zu sein und zu wirken ist die Überraschung, das Neue, das Prägnante, der Zufall, das Nie-Dagewesene, das Wunder, die Schöpfung, die Offenbarung.

Die *Ur-Reaktion* des Menschen auf Gottes Wirken ist vorerst die Stop-Reaktion: Die bekannte Orientierungsphase vor dem Unerwarteten und der Überraschung. Die Folgereaktionen darauf sind:

entweder die Flucht davor ergreifen (darüber wollen wir uns ein anderes Mal unterhalten, sagten die Athener zu Paulus),

oder angreifen, sich dem Unableitbaren stellen und sich damit auseinandersetzen. Und das wollen wir hier tun. Sowohl Jesu Tod wie seine Auferstehung stellen Überraschungen dar, mit denen die ‚Logik' niemals fertig werden wird. Versteht man aber Jesu Biografie als die vom Hl. Geist erteilte Universalkatechese an die Menschheit über Gottes ‚Ur-Situation' vor dem Nicht-Göttlichen, also vor dem Nichts, von dem das Leid und die Sünde nur zwei Varianten darstellen, dann geht der ‚Logik' auf, dass Jesu Biografie das Wort Gottes über die fundamentalste Situation der Wirklichkeit ist, über Gottes Anwesenheit und Abwesenheit, über seine metalogische, eben göttliche Art, nicht zu handeln und zu handeln, über Sünde und Heil.

a) Die Definition der Sünde

α) Sünde

Die Sünde ist der Widerspruch zum Wesen des Hl. Geistes. Dieser ist nämlich das Band (psychologisch die 'Liebe') zwischen Vater und Sohn in Gott. Der Hl. Geist ist per definitionen die Konstruktivität selber: Er baut auf, schafft Strukturen (z.B. verbindet er die Quarks zu Protonen und Neutronen, Proton/Neutronkern mit Elektronen zu Atomen, Atome zu Molekülen, Moleküle zu DNA, zu Proteinen, Proteine zu Geweben, Gewebe zu Organen, Organe zu Organsystemen, Organsysteme zu lebendigen Individuen, zu Menschen, zu Personen, zu sozialen Gebilden, zur Menschheitsfamilie, zum Volk Gottes). Die Sünde ist demnach als der Widerspruch zum Hl. Geist in ihrem tiefsten Wesen *Destruktivität*: Auflösung von Strukturen, Zerstörung, Tötung.

β) Das Kreuz

Die Hinrichtung Jesu veranschaulicht, was 'Sünde' ist: Destruktivität pur mit all ihren schweren seelischen Erschütterungen. Pure Destruktivität war in der Tat das eigentliche Motiv der Verurteilung Jesu zum Tode und dessen Hinrichtung. Denn:

Die Anklage war von der höchsten jüdischen Behörde in Jerusalem vorbereitet worden.

Man kann davon ausgehen, dass die zur Formulierung der Anklage unmittelbar herangezogenen Juristen ihr Bestes dazu beigetragen haben: Wissen, Kompetenz und Prestige, intern in den Kreisen der eigenen Rechtsverwaltung und extern in den Kreisen der römischen Rechtssprechung. Die 'Anklage' musste sitzen!

Die *Disqualifikation* dieser Anklage durch die römische Rechtsauffassung, die umso unerwarteter kam, als die jüdische Anklagebehörde von selber im Falle Jesu ein Kollaborationsangebot an die Römer gemacht hatte, war katastrophal. Bei Mk 15,10 heißt es nämlich, dass der oberste römische Richter im Lande, Pilatus, gleich zu Beginn des Prozesses sich ein Urteil über die Vorgänge um den Angeklagten gemacht haben soll. Er habe die ganze Angelegenheit auf den Punkt gebracht: 'Hier geht es um Neid, um innerjüdische Querelen'. Die Affäre hatte keine juristische Relevanz. Pilatus hat auch öffentlich diese seine Meinung im Gerichtssaal (Lithostrotos) vertreten.

Eine größere 'Blamage' in der Öffentlichkeit und vor den Gojim (Römern) konnten sich die Ankläger kaum vorstellen. Das war eine Faust ins Gesicht der 'obersten jüdischen Anklagebehörde'!

Ab diesem Augenblick übernahm das ***Es*** (= das sog. Böse, das Unbewusste, die Mächte der Finsternis) die Regie im Strafverfahren gegen Jesus von Nazareth. Das Verfahren entwickelte eine nicht mehr kontrollierbare Eigendynamik. Die rationale Argumentation wurde fallengelassen. An ihre Stelle trat die unbewusst (halbbewusst) ablaufende Abwehrmechanik in Form von Destruktivität, denn es galt von nun an, in einer Art 'äußerster Notwehr', die eigene Ehre bzw. Kopf und Kragen vor den eigenen Vorgesetzten zu retten. Ein Freispruch Jesu hätte für ihn eine ungeahnte Werbewirkung gehabt, für die jüdische oberste Verwaltung in Jerusalem aber eine Diskreditierung im ganzen Land.

In diesem Augenblick galt also das Prinzip: *Der Zweck heiligt die Mittel.* Die jüdische Anklage ging in die Offensive ohne Rücksicht auf Verluste: Sie spiegelte Pilatus ein Berufungsverfahren (Denunziation) vor, bei dem ihm eine sichere Niederlage vorgegaukelt wurde.

Die Androhung einer Denunziation in Rom mochte Pilatus nicht sonderlich beeindruckt haben. Er wusste sich von seinem Freund Seanus, der schon seit Jahren stellvertretend die Staatsgeschäfte führte, protegiert.

Tiberius hatte sich nämlich (26-31) auf Capri zurückgezogen und die Regierungsgeschäfte Seanus, dem Kommandanten der Prätorianergarde überlassen. Von daher hätte Pilatus bei einem Berufungsverfahren gegen ihn wenig zu befürchten gehabt.

Umso rätselhafter wird aber sein Verhalten nach der Androhung der Denunziation. Möglicherweise kam er angesichts der hochemotionalen Agitation der jüdischen Anklagebehörde auf den Gedanken, es sei besser, dass einer geht, als dass die prekäre Balance der politischen Kräfte vor Ort umkippe. Insofern war er mit Kajaphas einer Meinung: Besser Jesus der Staatsräson opfern, als die labilen diplomatischen Beziehungen noch mehr zu gefährden.

Der Streit um die Formulierung der Urteilsbegründung spiegelt diesen inneren Konflikt wider. Obwohl die jüdische Anklage selber das Stichwort 'König' in die Hauptverhandlung einbrachte, kam es hinterher erneut zum Streit mit dem Richter (Pilatus) über die Formulierung der Urteilsbegründung:

Die Anklage wollte den Vorwurf gegen Jesus als gegen eine Führungskraft in der bewaffneten Widerstandsbewegung gegen die Besatzungsmacht, die die Retauration der davidischen Monarchie anstrebte, präzisiert haben. Aus der Formulierung sollte klar hervorgehen, dass sich die Ankläger mit diesem 'Anspruch Jesu' nicht identifizierten.

Pilatus hingegen bestand auf seine Formulierung der Urteilsbegründung, die er auch durchsetzte. Es blieb dabei: Jesus von Nazareth **Rex** ...! Pilatus war sich bewusst, die 'lex laesae majestiatis' im Falle Jesu gebeugt zu haben.

Und dies lässt selbst einen routinierten Richter eines Militärgerichtes innerlich nicht unbeteiligt.

Jesus scheint die Zwangslage und den Gewissenskonflikt von Pilatus verstanden zu haben, denn er hat ihn irgendwie entlastet mit der Feststellung: Nicht du trägst die Hauptschuld am Ausgang des Prozesses, es sind andere, die diese Schuld auf sich geladen haben.

Für die jüdische Anklagebehörde artete also das Hinrichtungsmotiv in eine unkontrollierbare un- und vorbewusste Abwehrmechanik aus. Die einzige Kraft, die sich nach der Blamage ihrer bemächtigt hatte, war der

Thanatos, der Vernichtungstrieb, die Destruktivität. Jesus musste beseitigt werden ohne Rücksicht auf Verluste! Pilatus hat sein Gewissen belastet. Durch seine Formulierung der Urteilsbegründung hat er aber Jesus zu verstehen gegeben, dass er ihn nicht nur hoch achtete, sondern dass er ihn durchaus für die Rolle eines Königs würdig hielt.
Trotzdem musste er sterben: Destruktivität pur (Mt 8, 31)! Das Kreuz ist die Definition der Sünde = Destruktivität = Abwesenheit des Hl. Geistes.

b) Die Definition des Heils

Durch das durch den Tod Jesu entstandene historische Vakuum wiederholte sich gleichsam die Ursituation der Wirklichkeit. Wieder standen sich nur Gott und das ‚Nichts' gegenüber.
Und zum zweiten Mal meldete sich der Geist Gottes mit einem ‚Urknall' zurück: Er erweckte Jesus von den Toten!
Die Welt hat sich bis auf den heutigen Tag nicht von der Verwirrung (Gedanken- und Sprachverwirrung) vor dieser Überraschung erholt.
Und doch musste es einmal kommen. Denn der Geist Gottes ist per definitionem Konstruktivität und das Endergebnis seines Wirkens kann nur die Supersymmetrie, die Supergleichung sein von der die ‚Weltformel' der Grand Unified Theory der heutigen Physik allenfalls nur ein blasser Schimmer sein kann.
Agere sequitur esse (wie das Prinzip so die Folge): Ist das Prinzip Geist, so ist auch das Endergebnis ‚Geist' oder wie es Paulus konkret formuliert:
ό δέ κύριος τό πνεύμά έστιν (2Kor 3,17).
Dies ist die christliche Welt- und ***Heilsformel***.

α) πνεύμα

Jesus von Nazareth, das Produkt der Evolution, gezeugt in Liebe von einem Menschenpaar, dessen Organismus nach den Gesetzen der Humangenetik aufgebaut worden ist, der vom Thanatostrieb der Menschen getötet worden ist, ist zu einem Leben modo divino auferweckt worden. Gottes Weise zu existieren aber ist eine materiefreie Existenzweise, wobei hier 'Materie' ihre uns bekannte und erforschte Variante meint. Gott kann nicht anders als materieunabhängig auch in seiner Schöpfungsaktivität, die zu seinem Wesen gehört, existieren. Damit stellt sich heraus, dass das Endlos aller Materiegebilde seine eigene Art zu existieren ist, die wir als *geistförmige* Existenzweise bezeichnen. So fallen die α- und die ω-Bedingungen der Schöpfung in Gott wieder zusammen, was wir weiter oben als die 'Supersymmetrie' der Schöpfung nannten. Nicht die Destruktivität (der Tod), die Konstruktivität (das Leben) ist das Amen am Abend des Schöpfungstages Gottes! Das ist die eine Seite des Heils.

β) ό δέ κύριος

a. Nicht nur zu einer geistförmigen Existenzweise ist Jesus auferweckt worden, sondern auch zu einer *personalen* Form des Daseins in Gott, wozu all das gehört, was weiter oben zum Begriff 'Person' gesagt wurde:

• Singularität: Jesus existiert als unverwechselbare Gestalt in Gott, die irgendwie mit seiner genetisch begründeten irdischen Existenzweise in Beziehung steht. Er ist derselbe in beiden Existenzformen, in der irdischen und der göttlichen.

• Differenz: Er geht nicht in Gott auf, sondern steht ihm gegenüber als Selbstand, als die letztmögliche Selbstaustragung Gottes als der absoluten Person nach außen hin. Dadurch wird Jesus allerdings auch als das konstituiert, was zur fundamentalsten Gemeinsamkeit zwischen Gott als Person und dem Geschöpf als Person bestehen kann, wobei wir hier die 'hypostatische Union' außer acht lassen, da wir uns hier auf Jesus nur als Menschen beziehen.

• Ich: Auch in der göttlichen Lebensweise nach seinem Tod drückt sich Jesus mit dem *Ich* aus, das all die bisher beschriebenen personalen Aspekte mit zum Ausdruck bringt. Und damit ist auch mitgesagt, dass er weiterhin in einem Superkommunikationssystem mit einbezogen bleibt, das das irdische Kommunikationssystem seinsmäßig und qualitativ weit übersteigt.

b. Diese Existenzweise Jesu nach dem Tod, die nur Glaubenssache sein kann, ist eben Gottes 'Definition des Heils' für den Menschen. In diesem Sinn ist die Destruktivität, die Sünde, überwunden. Das Letzte der Schöpfungsgeschichte und der menschlichen Stammesgeschichte ist die Integration dessen, was Gottes ist, in Gott selber, in seine göttliche Lebensform, denn er ist der ewige Geist, der alles Bestehende erschafft und wieder zu sich zurückholt. Das ist die Logik Gottes oder die Vergebung der Sünden.

2. UNIVERSALITÄT

Das war schon immer so, dass der Hl. Geist alle Menschen angesprochen hat, besonders aber die Kinder Abrahams.

Mit dem Auftreten Jesu von Nazareth bedient er sich – wie schon erwähnt – dessen Biografie als eines Heilsparadigmas, um vernehmbarer und eindeutiger seine menschheitsumfassende Dynamik und Aktivität zu veranschaulichen. Bereits mit der Kernverschmelzung von Ei und Sperma bei der Empfängnis Jesu proklamiert er nachdrücklich die Universalität seines Wirkens unter den Menschen. Das ist die ntl Botschaft der Stammbäume Jesu bei Mt und Lk und der Verkündungstexte bei den selben Autoren.

a) Die Botschaft der Stammbäume Jesu

α) Das jüdische Heilsschema (Heilsmodell)

Das orthodox-jüdische Heilsschema ist ein biologisches, ein genetisches Schema, ein Stammesschema: Es ist das Abrahamschema. Die Heilszugsage Gottes gilt unmittelbar einem engen Kreis von Menschen, die nachweislich von Abraham abstammen. Dieser Stamm mit seiner Geschichte und mit seinem Nationalhelden (dem Messias) ist der Heilsträger. Das jüdische Volk stellt eine geschlossene Heilsgemeinschaft dar. Stammesfremde dürfen und sollen sich ihm in Form von Proselyten anschließen, sie sind aber keine vollwertige Mitglieder dieser Gemeinschaft (vgl. z.B. die Regelung des Priestereherechtes). Aus diesem Heilsverständnis heraus wird auch die große Bedeutung der Stammbaumführung in der jüdischen Orthodoxie ersichtlich:

In Israel verfolgt die 'literarische Gattung' der Stammbäume weniger selbstdarstellerische Absichten bzw. genealogische Forschungsinteressen als vielmehr *verfassungsrechtliche* Anliegen. Es geht dabei um die urkundliche Absicherung von heilsgeschichtlich definierten Rechten und Pflichten bzw. um den Nachweis voller Zugehörigkeit zum Volk Israel vermittels lückenloser genetischer Abstammung von Abraham. Denn ihm oder, wie sich Paulus ausdrückt, seinem σπέρμα (Sperma) galt die Heilszusage Gottes.
Die Stammbäume sind in Israel klassische 'loci theologici'.

β) Mt 1,1-16 (par. Lk 3,23-38):

Matthäus greift an der angeführten Stelle gerade diese klassischen 'loci theologici' der jüdischen Theologie auf, um den mit Jesu Auftreten stattgefundenen heilsgeschichtlichen Paradigmenwechsel nachzuweisen, und zwar nach zwei Aspekten hin:

- Negativ: Das genetische Heilsschema des orthodoxen Judentums ist untauglich, die mit Jesu Empfängnis einsetzende Heilsrealität zu assimilieren und wird dadurch unbrauchbar. Es wird heilsrechtlich außer Kraft gesetzt. Matthäus drückt dies in 1,16 aus, wo er die klischeehafte Zeugungskette bewusst abbricht: N zeugte N, zeugte N, zeugte Josef, den Mann Mariens, aus der gezeugt wurde Jesus – genannt der Messias. Mit diesem Abbruch der Zeugungskette Jesu setzt Mt 1,16 das verfassungsrechtlich verankerte jüdische Heilschema außer Kraft: Es gilt seit Jesu Empfängnis nicht mehr!

- Positiv: Die heilsgeschichtliche Funktion des Abrahamschemas übernimmt fortan der Hl. Geist. Das ist der Sinn des Verkündigungstextes (Lk 1,26-38) und des Traumtextes (Mt 1,18-24).

Beide Texte sind nach dem Schema Mt 1,16 aufgebaut: Maria empfängt, Josefs Rolle dabei wird außer Acht gelassen, sogar negiert. Es wird allerdings nicht seine biologische, genetische Rolle bei der Zeugung Jesu negiert, sondern deren ***heilsgeschichtliche*** Bedeutung, also das bisherige jüdische Heilsverständnis abgelehnt.

Zum Unterschied von Mt 1,16 wird in den Anschauungstexten (Mt 1,18-24 und Lk 1,26-38) die heilsgeschichtliche Führungsrolle des Hl. Geistes ausdrücklich erwähnt: Er übernimmt fortan die Heilsgarantie.

Fleisch und Blut (das σάρξ – Prinzip) spielen im Heilsgeschehen keine Rolle mehr. Mt und Lk tun an dieser Stelle nichts anderes als das Pfingstprinzip, das in der Kirche seit dem Apostelkonzil bereits ein konsistenter Glaubenssatz war, auf die Anfänge des Christentums (= Jesu Empfängnis) rückwirken zu lassen. Hier vertreten Mt und Lk sachlich nichts anderes als den paulinischen Standpunkt: 'Hier ist nicht Jude noch Grieche, hier ist nicht Sklave noch Freier, hier ist nicht Mann noch Frau: Denn ihr seid allesamt einer in Christus Jesus. Gehört ihr aber Christus an, so seid ihr ja Abrahams Kinder und nach der Verheißung Erben' (Gal 3,27-29).

b) Universalität des Heilswirkens des Hl. Geistes

Als das Band zwischen Vater und Sohn ist der Hl. Geist überall dort wirksam, wo Bindungen, Strukturen, Leben, Gemeinschaft entstehen, wo also aufgebaut wird. Ganz besonders aber ist er dort aktiv, wo die Beziehung zwischen Mensch und Gott aufgebaut werden soll, dort also wo sich 'Religion' ereignet, im religiösen Leben des Menschen. Alle Religionen auf der Erde sind Variationen der Aktivität des Hl. Geistes, die allerdings besonders auf kulturelle Widerstände und damit verbunden auf

Gewissensverbildungen stoßen kann. Denn da er selber die Liebe, die Spontanität, also die Freiheit ist, kann er die Menschen nicht anders als eben nach seinem eigenen Handelnsmuster entscheidungsfrei führen. Die menschliche Freiheit ist zwar immer an ihn gebunden, sie kann sich aber in ihrer Wahl selbst verkürzen, indem sie am Horizontproblem scheitert: Sie bleibt einfach auf einer diesseitsgöttlichen Wertebene stehen, obwohl sie dauernd 'vom göttlichen Stachel' in ihr beunruhigt wird. 'Extra ecclesiam nulla salus' (= kein Heil außerhalb der Kirche) war ein Grundsatz der älteren katholischen Theologie, die – gottlob – durch das Vaticanum II relativiert worden ist, indem der Grundsatz der Religionsfreiheit bzw. der Gewissensfreiheit als fundamentales Menschenrecht anerkannt wurde.

Freilich ist eine Gemeinschaft, in der ausdrücklich und systematisch das Bemühen um ein tieferes Verständnis des Wirkens des Hl. Geistes zur Tagesordnung gehört, ein privilegiertes geistiges Milieu. Hier ist die Wahrheit verhältnismäßig leichter zu erreichen und die Gewissensbildung wertgerechter zu formen. Darum ist der Anschluss an die Kirche mehr als wünschenswert.

Seit Jesu Erscheinen in der Geschichte der Menschheit ist also das universale Heilshandeln des Hl. Geistes zum ausdrücklichen und unwiderruflichen Heilsprinzip erhoben worden. Man kann dies das 'quantitative' Heilsprinzip nennen: Das Heilswirken des Hl. Geistes kennt keine Grenzen! Die zweite Dimension des Heilswirkens des Hl. Geistes ist die Gestaltung des christlichen Lebens. Darauf geht folgender Punkt ein.

3. PNEUMATIZITÄT

a) Mystik

Mit dem Ausdruck 'Mystik' bezeichnet die christliche Spiritualität den Einbezug des Menschen, besonders seiner psychischen Vorgänge, in das Innenleben des dreipersönlichen Gottes. Weil dieser Einbezug die bestmögliche Vereinigung mit Gott darstellt und der Hl. Geist (τό πνεύμα ἅγιον) ***die*** Bindung zwischen Vater und Sohn ist, ist das 'mystische Leben' Sache des Hl. Geistes, weswegen man berechtigterweise von der 'Pneumatizität' des menschlichen Lebensvollzugs sprechen kann. Das 'mystische Leben' fasst die Bibel in vier Grundvollzüge zusammen, auf die wir kurz eingehen wollen. Vorweg sei jedoch noch vermerkt, dass das Vokabular, dessen wir uns dabei bedienen werden, auf unsere wahrnehmungsgebundene Welterfahrung bezogen ist und dass es folglich im Prinzip schon untauglich ist, das 'mystische Leben' zu beschreiben. Wir können aber nicht anders darüber reden als eben in dieser unserer menschlichen Sprache.

α) Ἀββά (Vater)

Der erste Aspekt des mystischen Lebens ist die Auseinandersetzung mit Gott als dem ***Ur-Ich***: 'Ewiges Leben ist dies: Dich zu kennen, den wahren Gott' (Jh 17,3). In dieser mystischen Auseinandersetzung mit der Urfrage aller Fragen, erschließt sich Gott dem Menschen als:
die Singularität, vor der, neben der und nach der es keine andere gibt. Er allein hat Zugang zu sich, er allein erkennt sich selbst, er allein erfährt die Liebe, er allein kann handeln.

Die Differenz: Gott erschließt sich dem Mystiker als denjenigen, der weder irgendeines unserer Wahrnehmungsobjekte sein kann noch das Ergebnis von Induktion und Deduktion menschlicher Forschung. Er bleibt für immer *der Andere* gegenüber allem anderen.
Die Identität: Gott ist im Vollbesitz seiner selbst, zu dem seine absolute Singularität und deren δόξα (Erscheinung) in der erschaffbaren bzw. erschaffenen Welt gehört. Gott ist der Allbesitz des Besitzbaren. Er ist sich selbst die Gegenwart. Im Bereich der 'Identität' Gottes gewährt Gott allerdings dem Menschen einen kurzen Blick in sein Innenleben:
Der Mensch erfährt, dass Gott inneren 'Zwängen' unterliegt:
Er kann nicht anders, als sich selbst auszutragen in der Form eines Wortes, das seine Selbstdefinition darstellt, die ein personales Gegenüber konstituiert und im selben Augenblick den allumfassenden göttlichen Zuwendungsantrieb in beiden, im Sich-selbst-Definierenden und im Definierten (Wort) auslöst und damit beide die Urform der Liebe, den Hl. Geist, die unverlierbare Verbindung zwischen ihnen beiden konstituieren.
An dieser Stelle dämmert es dem Menschen, dass diese innergöttlichen 'Zwänge' auch etwas mit seiner eigenen Person zu tun haben. Die Schöpfung (der Mensch) ist zwar Gottes inadäquates Anderssein und darum die δόξα seiner Freiheit, und doch erfährt sich der Mensch in seiner Gegenwart als die Fernwirkung der innergöttlichen 'Zwänge' als etwas, das irgendwie da (ihm gegenüber) sein *muss*. Paulus drückt es so aus: Wir haben den Geist empfangen, ‚der uns zu Söhnen macht (πνεῦμα υἱοθεσίας) und durch dessen Macht wir rufen: Ἀββά (Vater)'! Und die Schrift warnt uns, diese Beziehung zu Gott mit vergleichbaren anderen zwischenmenschlichen Beziehungen zu verwechseln, „Nennt ... nieman-

den auf Erden ‘Vater’, denn ihr habt einen ***einzigen*** Vater, und er ist im Himmel“ (Mt 23,9).

Verantwortung: Wenn wir schon zu 100% von Gott abstammen, dann ist seine Verantwortung für uns ebenso 100%. Vor wem soll sich aber Gott ‘verantworten’ für sein Tun, außer vor sich selbst? Und das bedeutet, dass er sich in seinem ‘Stehen zu uns’ treu bleiben muss und zwar aus dem inneren Zwang seiner Natur heraus. Wenn Gott einmal *A* sagt, dann sagt er auch *B*: Er kann sich nicht mehr aus der Verantwortung für uns stehlen, außer er gibt sich selbst auf, was aber absurd wäre. So also wie Gott sich selbst nicht verlieren kann, so kann er auch uns nicht mehr verlieren: Er steht zu seiner Fürsorge für uns.

Alle unsere kleinen und großen Wünsche, die im Einklang mit der Fülle des Lebens stehen, wird er uns erfüllen, selbst dann, wenn dabei Probleme zu lösen wären, die uns beschränkten Menschen als absolut unlösbar vorkommen mögen, wie etwa der Platztausch des Sellamassivs in den Dolomiten mit der Marmoladagruppe! Niemals wird Gott in seiner Fürsorge für uns unseren irdischen Vätern nachstehen, die, obwohl sie nur 50% des Lebens mit uns teilen, schier Übermenschliches für unser Wohlergehen, für unsere Sozialisation, Enkulturation und Persönlichkeitswerdung leisten, indem sie sich von früh bis spät für uns abrackern unter Verzicht auf ihr eigenes Leben.

Geborgenheit: Die Reaktion, die sich Gott als unser Vater von uns erwartet, ist das Ur-Vertrauen in ihn, das Gefühl ewiger Geborgenheit in ihm, das sich in zweifacher Art und Weise zu artikulieren pflegt: In Dankbarkeit und Wunschäußerung. Worum auch immer wir im Namen unserer Kindesbeziehung zu ihm (= im Namen Jesu) bitten, das werden wir bekommen (Jh 14, 13).

Der erste Aspekt des mystischen Lebens ist also die Auseinandersetzung mit Gott als dem Ur-Ich: Mit seiner Singularität, mit seiner absoluten Differenz und mit seiner Identität. Innerhalb dieser Identität setzt sich der Mystiker mit den innergöttlichen 'Zwängen' und mit der daraus abgeleiteten Vater-Beziehung Gottes auch zum Menschen auseinander. Die Auseinandersetzung mit dieser Art von Beziehung Gottes zu uns führt zur Überzeugung von seiner 100% Verantwortung und Fürsorge für uns, die sich unsererseits konkret in Glaube, Liebe und Hoffnung artikuliert.

β) Πίστις (Glaube)

Der Glaube betont den kognitiven Aspekt des mystischen Lebens und zwar in einem etwas eingeengten Sinne. Der 'Glaube' ist die Auseinandersetzung mit dem 'Wort' Gottes. Und da das Wort Gottes seine eigene Selbstdefinition, der λόγος (***das*** Wort von sich) ist, läuft der Glaube auf die Auseinandersetzung mit dem Logos Gottes hinaus, wobei dessen Eigenart von dessen Inhalt zu unterscheiden ist:
'Inhaltlich' spricht der Logos das aus, was weiter oben zum Thema 'Vater' ausgeführt wurde (Singularität, Differenz, Ich, Schöpfung). Inhaltlich fällt das Wort Gottes intensiv und extensiv, denotativ und konnotativ mit dem Allbesitz Gottes zusammen.
Die 'Eigenart' des Logos (des Wortes Gottes von sich) ist durch zwei Merkmale charakterisiert:
Das *Gesprochen-sein*: Das 'Wort' spricht nicht, es *wird* ausgesprochen. Es gibt außer Gott keinen Sprechenden, keinen Kommunikationssender. Er ist der Ur-sprechende und das Ur-selbst, das sich ausspricht. Nur Gott definiert, wer was ist. Außer ihm gibt es keine Originalität. Die Auseinandersetzung mit seinem Wort besteht demnach im Nachsprechen sei-

nes Wortes über uns: Wir sind nur eine Paraphrase dieses Wortes, wodurch er uns definiert. Das Nachsprechen der eigenen Selbstdefinition, die durch Gott vorgegeben wird, ist zugleich ein obsequium intellectus dem vor-sprechenden Gott gegenüber, ein kultischer Akt, wodurch wir seine allseitige Kompetenz anerkennen.

Jeder Versuch des Menschen, sich selbst 'originell' auszusprechen, ist eine Verkennung des Ur-kommunikators und seines Wortes, ein Ausscheiden aus dem Kommunikationssystem.

Die *Unkodiertheit* des Logos: *Das* Wort Gottes von sich selbst ist ein unverschlüsseltes Wort. Gott bedient sich nämlich keines 'Mediums', wodurch er sein Wort etwa im Sinne eines mit einem fremden Empfänger vereinbarten Zeichensystems und dessen Spielregeln (Grammatik, Syntax usw.) verschlüsselt. Denn hier fällt der Sender mit dem Empfänger zusammen: Gott ist in einem der Sprechende und der Hörende und darum kann sein Wort nur unverhüllt (ἀληθινός = wahr) sein. Gottes Wort ist für ihn das Unverborgene, das geheimnisfreie und rätselfreie Wort von sich, die pure Selbstevidenz. In diesem Sinne bedeutet 'Glaube' die Einsicht in die Wahrheit unserer Person im Lichte der Selbstevidenz und der Unverhülltheit des Wortes Gottes.

Der Ort des Glaubens ist das Gebet (zumal in der Form der Meditation und der Reflexion über das Wort Gottes von uns durch sein eigenes Selbstaussprechen). Das Gebet ist das Ringen nach Gottes- und nach Selbsterkenntnis. Es ist die Konfrontation mit dem Maßstab, den Gott an unser eigenes Selbstverständnis anlegt und uns entweder als 'gerecht' d.h. mit seiner Originaldefinition übereinstimmend findet oder vom Originalmaßstab abweichend erklärt und uns als 'fremd' empfindet: 'Glaube' fällt darum mit dem Wort vom 'Heil' oder mit dem Wort von der 'Verdammnis' zusammen.

Im Glauben (Gebet) versucht der Mensch seine Maske loszuwerden, die aufgebaute Abwehr seines Ichs niederzureißen. Es wird all den Abwehrmechanismen der Kampf angesagt: Der Fixierung, der Regression, der Identifikation mit dem Angreifer, den Sublimierungsversuchen, der Rationalisierung und Ideologisierung, dem Widerstand, der Projektion, der Verschiebung, der Verdrängung und der Verleugnung der Realität. Der Mensch ringt im Gebet nach dem 'Glauben', nach seiner eigenen Originaldefinition durch Gottes unverborgenes allumfassendes Wort.

Der Glaube hat also mit der Eigenart des Wortes Gottes zu tun; mit dessen 'Ausgesprochen-sein' und mit dessen 'Code-freiheit' = Unverborgenheit und Wahrheit. Der Glaube ist das Nachsprechen des Wortes Gottes, das Nachleuchtenlassen seiner Selbstevidenz auf die Struktur und Dynamik unseres Ichs. Die Energie für unsere Glaubensdynamik liefert der Hl. Geist. Denn „wenn der Geist der Wahrheit kommt, wird er euch in alle Wahrheit einführen, denn er wird nicht aus sich selbst heraus sprechen, sondern er wird empfangen aus dem, was mir (= dem Wort) gehört und [es] euch verkünden“ (Jh 16,13 und 14).

γ) Ἀγάπη (Liebe)

Die Liebe in der Form der ἀγάπη hat mit der 'Emotionalität' Gottes, mit seiner 'Gefühlswelt' zu tun. Bis auf den heutigen Tag kennt allerdings die Psychologie keine allgemein rezipierte Definition des Gefühls, geschweige denn der Liebe.

Man kann 'Liebe' als die im Prinzip lebensumfassende Zuwendungsinteraktion zwischen zwei Kommunikationspartnern, die auf einer zwischenpersonalen Beziehungserfahrung beruht, definieren.

Und da in Gott die zwischenpersonale ***Zuwendungsinteraktion*** der Hl. Geist ist, setzt sich der Mensch in der Mystik mit dem Hl. Geist auseinander.

Die *Zuwendung*: Der Hl. Geist ist die Zuwendung des Vaters zum Sohn und umgekehrt des Sohnes zum Vater. Und sie ist endgültig und selbst 'person-konstituierend', d.h. das Proprium des Hl. Geistes begründend.

Als die Zuwendung des Ur-Ichs zu seinem Selbstbild (= Wort) begründet er das Glück Gottes, der niemals je ein Ziel gekannt hat, weil er der restlose Selbstbesitz und damit der Allbesitz von Anfang an ist. Er ist sein eigenes Selbstwertgefühl, der einzige Wert im Bereich aller denkbaren Seinsordnungen.

Dasselbe gilt auf Seiten des Sohnes: Auch bei ihm begründet der Hl. Geist dessen Glück und dessen Selbstwertgefühl, dessen Eigeninhalt das Bewusstsein ist, der einzig Eingeborene vom Vater zu sein. Der Hl. Geist selbst ist das Glück und das Selbstwertgefühl von Vater und Sohn.

Im mystischen Leben setzt sich der Mensch mit dem Glück und dem Selbstwertgefühl Gottes auseinander. Er wird in den Prozess der innergöttlichen Zuwendungsinteraktion einbezogen, wo er erstmals seinen richtigen Selbstwert erlebt und das, was alle Menschen 'Glück' nennen: Eine Zielemotion, die dem Bewusstsein des Vollbesitzes der eigenen Identität, der eigenen Realität und Adäquatheit mit Gottes Wort von uns entspringt. Der Mensch erlebt seine *endgültige* Vollendung.

Die *Vollendung*: Der Hl. Geist schließt den Kreis des innergöttlichen Lebens ab. Er bringt es zur Vollendung, weswegen er auch das 'Siegel'

Gottes genannt wird. Dadurch, dass er durch die Vermittlung einer personalen Beziehungserfahrung des Menschen mit dem göttlichen Ur-Ich und dessen Wort eine 'endgültige' Zuwendung zu Gott in ihm bewirkt, vollendet er seine Biografie: Der Mensch gelangt endgültig zum Vollverständnis seines eigenen 'Sinns' in der Geschichte der Schöpfung. Ein Abfall von dieser Höhe bzw. ein Ausbrechen aus dem innergöttlichen Lebenssystem ist zwar theoretisch, solange er noch lebt, möglich, praktisch aber unmöglich, denn 'sine poenitentia sunt dona Dei'!

Der ἀγάπη – Zustand des Menschen ist ein Zustand der lebensumfassenden Zuwendung des Menschen zu Gott und darum die letzte Leistung des Hl. Geistes in dessen Biografie, wodurch er sie zum Abschluss bringt. Dem entspringt Schalom, der ungetrübte Friede Gottes. Damit geht Jesu Bitte an seinen Vater in Erfüllung: „Ich habe ihnen Deinen Namen bekannt gemacht, und ich werde ihn weiterhin bekannt machen, damit die Liebe, mit der Du mich geliebt hast, in ihnen sei und ich selbst mit ihnen vereint“ (Jh 17, 26).

δ) ̓Ελπίς (Hoffnung)

Der Hl. Geist „bezeugt unserem Geist, dass wir Kinder Gottes sind. Wenn aber Kinder, auch Erben: Erben einerseits Gottes, Miterben andererseits Christi“ (Röm 8, 16).

Erben Gottes: Der Besitz Gottes fällt mit ihm zusammen. Er selber ist sich das Eigentum. Das Fundamentalste in ihm ist sein dreigestaltiges Personsein (Vater, Sohn, Hl. Geist). 'Gott beerben' heißt demnach das Personsein erhalten, in Besitz nehmen.

Unsere Hoffnung richtet sich also darauf aus, einer aus der Gemeinschaft mit Gott zu werden, mehr Gott selber als ich selber bzw. ich selber durch noch komplexere und umfassendere *Vergöttlichung* zu werden. Gegenstand unserer Hoffnung ist die weitgehendste Autonomie im Verbund mit der Gemeinschaft der Familie Gottes (Vater, Sohn und Hl. Geist). Nicht auf der Ebene der behavioristischen Verstärkungsmechanik, sondern auf der Ebene der Personwerdung durch 'Vergöttlichung' liegt der Gegenstand unserer Hoffnung.

Miterben Christi: Durch seine allseitige Eingliederung in die Allkomplexität göttlichen Lebens wird der Mensch zu einer letztmöglichen Singularität konstituiert, die seine gottähnliche Person begründet.

Je logosähnlicher aber, je adäquater der Selbstdefinition Gottes der Mensch wird, desto integraler sammelt er auch alles zu ihm Gehörige: Leib und Seele mit ihrem ganzen Bezugsreichtum. Er wird wie Christus zu einem πνεύμα, wie wir das weiter oben vermerkt haben (2 Kor 3,17). Insofern werden wir zum Mit-Erben Christi. Wir hoffen also, dass wir durch die Einbeziehung in das innergöttliche Leben des Vaters und des Sohnes durch den Hl. Geist zur personalen Gemeinschaft mit Gott gelangen, die die endgültige Sammlung alles Zerstreuten und Halbfertigen bedeutet. Und damit endet die große Schöpfungsodyssee für uns.

Wir fassen zusammen: Pneumatizität des menschlichen Lebensvollzugs bezieht sich zunächst auf das 'mystische' Leben. Dazu besprachen wir vier Grunddimensionen: Das Wissen um Gott als unseren Vater und das sich daraus ergebende Gefühl von Urvertrauen und Geborgenheit, die Auseinandersetzung mit dem Wort Gottes im Glaubensgeschehen, die Zuwendung und Vollendung durch den Hl. Geist in der Liebe und zum Schluss den Ausblick auf das, was wir einmal sein werden, nämlich Erben Gottes und Miterben Christi. Immer wieder betonten wir, dass das mystische Leben Werk des Hl. Geistes ist, das er ohne Vorleistungen von

Seiten des Menschen in jedem für ihn offenen Herzen vollbringt: *Mystik ist das Mitziehen von Herz und Verstand mit der Spontaneität Gottes, die wir Hl. Geist nennen.*
Doch so lange wir unterwegs sind, müssen wir das mystische Leben mit der *Ethik* abstimmen. Die Ethik ist das vom Hl. Geist normierte theoretische Leitsystem menschlichen Verhaltens während des irdischen Lebens. Darauf soll im nächsten Punkt Grundsätzliches zur Sprache kommen.

b) Ethik

'Moraltheologie' ist die Wissenschaft von der menschlichen Lebensführung. Sie geht von einem *Glaubenssatz* aus und leitet davon die Lebensbereiche und Alltagsnormen menschlichen Handelns ab.
'Ethik' ist die Wissenschaft von der menschlichen Lebensführung. Sie geht von einem *Vernunftsatz* aus und leitet davon die Lebensbereichs- und Alltagsnormen menschlichen Handelns ab.
Dieser Vernunftsatz ist ein wissenschaftstheoretisch gewonnener Satz und kann entweder ein philosophischer oder ein einzelwissenschaftlicher Satz mit dem Anspruch auf Allgemeingültigkeit (wie z.B. die evolutionäre Ethik) sein.
Wir behalten trotz diesem Unterschied weiterhin den Ausdruck '*Ethik*' bei und zwar aus folgenden Gründen:
Aus dem bisherigen Kontext wird ersichtlich, dass er hier offenkundig die *christliche* Ethik meint. Zum zweiten markiert er kurz und bündig den Unterschied zwischen Mystik und dem weiteren Bereich menschlichen Handelns und Verhaltens. Und zuletzt ist er kurz und prägnant und in allen gesellschaftlichen Kreisen (trotz seiner Bedeutungsvielfalt) geläufig.

'Ethik' meint also hier die christliche Moraltheologie. Da es aber auch auf diesem Gebiet unterschiedliche Ausgangspunkte gibt (vgl. z.B. Häring 'Das Gesetz Christi' u.a.), müssen wir unseren Ausgangssatz ausdrücklich benennen: Wir gehen vom 'Wesen des Hl. Geistes' (besser noch formuliert: von dessen innergöttlicher, personaler *Eigenart*) aus. Davon werden wir die vier obersten Leitprinzipien menschlicher Lebensführung abzuleiten versuchen.

α) Konstruktivität (das Gute)

a. Grund

Die *Funktion* des Hl. Geistes: Der Hl. Geist ist die Dritte Person in Gott. Sie ist die Liebe, also die lebensumfassende Zuwendungsinteraktion zwischen Vater und Sohn. Der Hl. Geist ist die ***Bindung*** zwischen beiden. Statisch auch das Siegel der Wirklichkeit, der Vollender (wie schon oben ausgeführt). Seine 'Funktion' bestimmt das Wesen aller menschlichen Tätigkeit, auch des spezifisch-menschlichen Handelns.

b. Definition

- Das von der 'Funktion' des Hl. Geistes bestimmte Wesen des menschlichen Handelns ist dessen ***Konstruktivität*** (vom lat. construere = aufbauen). Jede menschliche Handlung muss den 'Aufbaucharakter' haben. Sie soll also Dinge anlegen, ihre Einzelteile zusammensetzen, gliedern, so anordnen, dass am Ende ein Ganzes entsteht, das mehr als die Summe seiner Teile ist.

- Da die menschliche Handlung aber aus drei Komponenten besteht, müssen alle drei konstruktiv (positiv) sein:

K (= kognitive Komponente): Sie soll Zielklarheit schaffen
A (= affektive, emotionale Komponente): Sie soll die richtige Wahl treffen
V (= Verhaltenskomponente): Sie soll die Handlung ausführen nach dem Schema A-R-I-A, d.h. Auslösung, Richtung, Intensität, Ausdauer

c. Bereiche konstruktiven Handelns:

RELIGIONS-BEREICH (Gewissensfreiheit, Organisation, Ökumene)
PHILOSOPHIE-BEREICH (Weltbild, Person, Politik)
SOZIOLOGIE-BEREICH (Kommunikation, Gesellschaft, Staat)
PSYCHOLOGIE-BEREICH (Lern-, Entwicklungs-, Persönlichkeitspsychologie)
BIOLOGIE-BEREICH (Botanik, Zoologie, Anthropologie)
CHEMIE-BEREICH (Anorganische, organische, DNA-Chemie)
PHYSIK-BEREICH (Elementarteilchen-Physik, klassische Physik, Astrophysik)
UMWELT-BEREICH (Boden, Wasser, Luft)

β) Destruktivität (die Sünde)

a. Definition

• 'Destruktivität' ist die Umkehrhandlung von 'Konstruktivität'. Sie bedeutet 'Auflösung' von bestehenden Strukturen, Bindungen, Zusammenhängen.

• Die 'Zerstörung' (= Destruktivität) hat zum Ziel, ein bestehendes Ganzes in seine Bestandteile bzw. Elemente aufzulösen, zu spalten und dadurch verschwinden, bzw. nach Möglichkeit vernichten zu lassen.

• 'Destruktivität' (= ***Sünde***) ist die Abwesenheit des Hl. Geistes, der Wirklichkeit, darum die Leere und im biologischen Bereich der Tod. 'Der Sünde Sold – sagt Paulus – ist der Tod', in letzter Konsequenz sogar das 'Nichts'! Darum heißt das oberste ethische Verbot: 'Nichts zerstören!'

b. Bereiche destruktiven Handelns:

RELIGIONS-BEREICH (Gewissensfreiheit, Organisation, Ökumene)
PHILOSOPHIE-BEREICH (Weltbild, Person, Politik)
SOZIOLOGIE-BEREICH (Kommunikation, Gesellschaft, Staat)
PSYCHOLOGIE-BEREICH (Lern-, Entwicklungs-, Persönlichkeitspsychologie)
BIOLOGIE-BEREICH (Botanik, Zoologie, Anthropologie)
CHEMIE-BEREICH (Anorganische, organische, DNA-Chemie)
PHYSIK-BEREICH (Elementarteilchen-Physik, klassische Physik, Astrophysik)
UMWELT-BEREICH (Boden, Wasser, Luft)

γ) Der Prioritäten-Index

Die Handlungsbereiche (oder Handlungsfelder) des Menschen weisen einen Prioritäten-Index auf, nach dem sie eingestuft werden müssen. Index besagt in diesem Zusammenhang Wert oder Fundamentalität:

a. Wert

'Wert' ist der *Komplexitäts-grad* eines Einzeldinges. Seine Extrempole sind in unserem Erfahrungsbereich das Quark und die menschliche Person: die menschliche Person stellt den höchsten Grad an Materiekomplexität dar und darum den *höchsten* Wert auf unserem Planeten. Werte stellen immer Ganzheiten dar.

b. Fundamentalität

'Fundamentalität' bezieht sich auf die Bedeutsamkeit der Aufbauelemente der Ganzheiten (= Werte). Kriterien für diese Bedeutsamkeit der Aufbauelemente (= Faktoren) sind der räumliche und zeitliche Umfang der Dinge, zu deren Aufbau die fraglichen Elemente beitragen. Je umfassender der räumliche und zeitliche Bereich der Dinge ist, bei deren Aufbau sie eine wesentliche Rolle spielen, desto fundamentaler und wichtiger (bedeutsamer) sind sie.

c. Prioritäten-Index

Nachstehend sollen die schon oben zu den Stichworten 'Konstruktivität' und 'Destruktivität' skizzierten Handlungsbereiche des Menschen an Hand einer ***W***- (Werte) Skala und einer ***F***- (Fundamentalitäts)Skala eingestuft werden, um einen ersten groben Überblick über die Prioritäten-Indices zu geben.

▲ W-Skala

RELIGIONS-BEREICH (Gewissensfreiheit, Organisation, Ökumene)
PHILOSOPHIE-BEREICH (Weltbild, Person, Staat)
SOZIOLOGIE-BEREICH (Kommunikation, Gesellschaft, Staat)
PSYCHOLOGIE-BEREICH (Lern-, Entwicklungs-, Persönlichkeitspsychologie)
BIOLOGIE-BEREICH (Botanik, Zoologie, Anthropologie)
CHEMIE-BEREICH (Anorganische, organische, DNA-Chemie)
PHYSIK-BEREICH (Kern-Physik, klassische Physik, Astrophysik)
UMWELT-BEREICH (Boden, Wasser, Luft)

F-Skala ▼

d. Verhältnis

Die *W*-Skala und die *F*-Skala sind indirekt zu einander proportional: Je höher der W-Wert, desto geringer der F-Wert und umgekehrt. Je höher der F-Wert, desto geringer der W-Wert. Ein Quark z.B. ist wichtiger als ein Mensch, weil sich die gesamte uns bekannte Materie aus Quarks aufbaut, es ist aber weniger wert als der Mensch.

Anders ausgedrückt: Je höher der Wert, desto mehr verliert er den Charakter des 'Mittels'. Deswegen darf der höchste Wert, die menschliche Person, niemals zu irgendeinem Mittel herabgestuft werden. Die Person ist nur Zweck, niemals Mittel zum Zweck.
Umgekehrt: Je weiter die Dinge in ihre physikalischen Elemente und Faktoren aufgelöst werden, desto weniger sind sie 'Zweck', umso mehr jedoch 'Mittel' zum Zweck.
Den jeweiligen Index in der konkreten Situation zu erkennen ist die Aufgabe des Gewissens.

δ) Das Options-Verhalten des Gewissens

a. Das Gewissen

• Das *christliche* Gewissen ist ein ferner Nachklang des innergöttlichen Lebens. Man unterscheidet also drei Faktoren des Gewissens: Das Ich, die Informationsverarbeitung und die Bewertungsmechanismen (Gefühl), die durch die Gaben des Hl. Geistes verfeinert werden (z.B. durch eine Feinskalierung der Wertempfindung bzw. Wertung der Prioritätenindices). In der Gewissensentscheidung ist der ganze Mensch (das ***Ich***) involviert.

• Das christliche Gewissen lässt sich weder auf absolute Ichautonomie noch auf bloße Prozesse der Kognition noch auf ein bloßes Gefühl zurückführen. Die Option des Gewissens ist durch die Prioritäten-Indices vorgegeben, die eine vielschichtige Realität darstellen.

b. Der Konflikt

• Der 'Gewissenskonflikt' ist der statistische Normalfall: Wir werden tagtäglich mit Gewissenskonflikten konfrontiert, deren sachgerechte Lösung eine Sache von Gotteshilfe, Kompetenz und Routine ist. Erst wenn hohe Werte und fundamentale Faktoren zur Option stehen, wird uns die ganze schwere Last der Gewissensentscheidung bewusst. Meistens sprechen wir nur in solchen Fällen von 'Gewissenskonflikt'. In der Regel handelt es sich dabei um eine Entscheidung zwischen 'Aufbau' und 'Zerstörung', in letzter Konsequenz zwischen dem Hl. Geist und der Sünde, zwischen dem Sein und dem Nichts. Eine absurde Situation, denn einerseits sollen wir nur aufbauen und nichts zerstören, andererseits aber *müssen* wir zerstören, um aufbauen zu können!

• Es gibt mehrere Muster von 'Gewissens-Konflikten':

- Der *Doppeleffekt* (Das Verursachungsprinzip): Klassisches Gebiet dieser Art von Gewissenskonflikt ist die 'medizinische Ethik'. Die therapeutische Handlung ist gut, weil gesundheitsherstellend oder –fördernd, sie ist aber oft mit unvermeidlichen Nebenwirkungen der Zerstörung begleitet. Die Handlung (das Medikament) kann nur dann ethisch verantwortet werden, wenn der Aufbaueffekt die unvermeidliche unerwünschte Nebenwirkung ausgleicht.
- *Der Zweck heiligt nicht die Mittel* (Das Zielprinzip): Dieses Prinzip muss differenziert werden:

Im Humanbereich gilt es ausnahmslos. Die Würde des Menschen ist unantastbar, und zwar von seinen Anfängen bis zu seinem Tod. Kein Mensch darf zu irgendeinem Zeitpunkt seiner Biografie als 'Mittel' zum Zweck missbraucht werden, weder körperlich noch seelisch.

Im Sub-humanbereich gilt der Satz nur eingeschränkt. Alle Wertbereiche auf der W-Skala, die unterhalb des Menschen liegen, dürfen in den Dienst des Menschen (also als Mittel zum Zweck) verwendet werden, vorbehaltlich der Wahrung der Relationen: Wir töten z.B. Tiere, um daraus Nahrung zu gewinnen. Wir zerstören Waldbestände, um Kulturland zu gewinnen usw.

- *Der Satz vom kleineren Übel* (Das Zwangslagenprinzip): In ethischen Zwangslagen zwischen zwei Übeln das 'kleinere' zu wählen, wobei oft nicht leicht zu entscheiden ist, was das kleinere Übel ist. Dies gilt besonders dann, wenn die Wahlobjekte auf der F-Skala liegen. Konventionelle Waffen sind z.B. ABC-Waffen vorzuziehen, obwohl in beiden Fällen ein Übel zur Wahl steht.

Je fundamentaler ein Faktor ist, desto zeitlich und räumlich umfassender sind seine Auswirkungen, desto schwerwiegender der Schaden, also desto größer das Übel. Grundlagenforschung und Kriegsführungsethik sind oft mit dieser Gewissenssituation konfrontiert.

Mit diesen Kurzandeutungen zu einigen Mustern von 'Gewissenskonflikten' schließen wir das Thema 'Ethik' ab.

'Ethik' im christlichen Sinne meint christliche Moraltheologie. Diese geht letztendlich von der Eigenart des Hl. Geistes und dessen 'Funktion' innerhalb des innergöttlichen Lebens aus und leitet daraus die Leitnormen menschlichen Handelns ab, von denen wir hier nur vier ausdrücklich genannt haben, nämlich das Prinzip 'Konstruktivität' als das oberste ethische ***Gebot*** menschlicher Lebensführung, das Prinzip 'Destruktivität' als das oberste ethische ***Verbot***, die Wert- und Fundamentalitäts-Skalen als Bestimmungsprinzipien von Prioritäten-Indices und zuletzt die Grundregeln, die das Optionsverhalten des Gewissens in den konkreten Entscheidungssituationen des Alltags regeln. Damit haben wir äußerst knapp, im Wesentlichen jedoch vollständig, auch das vom Hl. Geist gestaltete ethische Verhalten des Menschen skizziert.

Zusammenfassung von Teil 2

Teil 2 befasste sich mit dem Thema *Hl. Geist*. Dazu wurden drei Abschnitte vorgesehen.
Der erste Abschnitt beschrieb die zwei Grundthemen oder –definitionen, die uns der Hl. Geist durch Jesu Biografie veranschaulichen wollte, nämlich die Definition der Sünde und die des Heils.
Der zweite Abschnitt begründete von den Stammbäumen Jesu ausgehend kurz das universale Heilswirken des Hl. Geistes, dem keine Grenzen gesetzt werden können.
Der dritte Abschnitt beschrieb den pneumatischen Charakter des christlichen Lebens, das sich wesentlich im Glauben, in der Liebe und in der Hoffnung ausdrückt und selbstverständlich auch dem äußeren, beobachtbaren Verhalten seinen Stempel in der Form der ‘christlichen Ethik’ aufdrückt: Wir hoben hier die vier tragenden ethischen Grundsätze hervor, nämlich das Prinzip ‘Konstruktivität’ als das oberste Gebot christlicher Ethik, das Prinzip ‘Destruktivität’ als das oberste Verbot christlicher Ethik, das Prinzip des Prioritäten-Index und zuletzt die Grundregeln der Gewissensentscheidung. Damit schlossen wir Teil 2 ab.

Schlusswort

a) Zusammenfassung der Arbeit

Unsere Arbeit nahm sich vor, die ntl Definition des Christentums im Lichte heutiger Erkenntnisparadigmen zu überdenken.

Wir gliederten sie in zwei große Teile auf:

Teil 1 befasste sich ausführlich mit Jesu 'Biologie' im Sinne der heute allgemein rezipierten Evolutionstheorie und Humangenetik. Es wurde dessen Herkunft und dessen genetische Ausstattung diskutiert. Wir setzten uns in diesem Zusammenhang auch mit den sich daraus ergebenden christologischen und mariologischen Schwierigkeiten auseinander.

Teil 2 befasste sich mit dem Hl. Geist, der Dritten Person in Gott, und mit dessen Heilswirken und Gestaltungsweise des christlichen Lebens, und zwar von dessen Anfängen bis zu dessen endgültiger Vollendung. Wir lernten seine 'Logik', seinen universalen Heilswillen und seine 'pneumatische' Wirkweise im Leben Jesu und der Menschen kennen.

Damit können wir nun die ntl Definition des Christentums folgendermaßen formulieren:

b) Definition des Christentums

Das Christentum ist die Weltreligion, die sich selbst auf zwei Gründer zurückführt:

1. Auf *Jesus von Nazareth*, einen Menschen aus unserem menschlichen Stamm, gezeugt und geboren in Liebe von einem frommen jüdischen Ehepaar, selber eine tief religiöse Persönlichkeit, gelebt und gewirkt, wie

allgemein bekannt, in der Zeit der beiden römischen Kaiser Augustus und Tiberius (31 v.Chr. – 37 n.Chr.).

2. Auf *den Hl. Geist*, die Dritte Person in Gott, per definitionem die Liebe zwischen Vater und Sohn, die Bindung und das Band der Ur-Realität, die pure Konstruktivität.

a) Der Hl. Geist – so glauben es die Christen – bedient sich der 'Biografie' Jesu und zwar von Anfang an, von der Kernverschmelzung von Ei und Sperma im Eileiter seiner Mutter bis zu seinem Tod am Kreuz als der Verschlüsselung seines Wortes an die Menschheit zum Thema 'Sünde' und 'Heil':

• *Sünde* ist pure Destruktivität wie sie bei der Verurteilung und Hinrichtung Jesu aufscheint, also mit Auflösung, Leere, Tod, Abwesenheit des Geistes, gleichzusetzen.

• *Heil* hingegen ist Konstruktivität, Aufbau, Leben, Anwesenheit des Hl. Geistes, die den Menschen zum unverlierbaren Selbstbesitz und zur vollen Ichidentität in Gott führt, deren Vorbild der auferweckte Jesus ist.

b) Das Heilswirken des Hl. Geistes bezieht sich auf alle Menschen ohne Unterschied von Rasse und Kultur. Sein Heilswirken ist *universal* d.h. menschheitsumfassend.

c) Die irdische 'Heilsgestalt' des vom Hl. Geist gesteuerten Lebens des Menschen vollzieht sich nach zwei Richtungen hin: 'Intensiv' im mystischen Erleben von Gottes Vaterschaft in Glaube, Liebe und Hoffnung und 'extensiv' im konstruktiven Verhalten des Menschen auf allen Gebieten des ihm von Gott zugedachten Lebensraumes in seiner kurzen zeitlichen Lebensspanne auf Erden, in seinem ethischen Verhalten.

Das Christentum ist die Weltreligion, die vom Hl. Geist durch das Leben und Wirken des Menschen Jesus von Nazareth ins Leben gerufen, entfaltet und behütet wird bis ans Ende der Welt.

c) Eine Restfrage

Die *Gemeinschaft* der Mystiker: Gehört die Gemeinschaft der Mystiker, der Menschen also, die im Hl. Geist Gott 'Vater' nennen, die glauben, lieben und hoffen, zum Wesen des Christentums?
Insofern der Hl. Geist die zwischenpersonale Bindung in Gott ist, gehört der Zusammenschluss (= die Gemeinschaft) der Mystiker zum Wesen des Christentums.
Der Hl. Geist ist die Erfahrung von Vater und Sohn, so dass es Menschen, die davon erfasst werden, auch dazu drängt, ihre mystische Erfahrung mit anderen Gleichgesinnten auszutauschen. Die Gemeinschaft der Mystiker ist wesentlich eine Kommunikations-Gemeinschaft. Insofern gehört der Gemeinschaftscharakter zum Wesen des christlichen Lebens.
Die *Rechtsorganisation* (sichtbare Kirche): Gehört die Kirche als beobachtbare 'Rechtsorganisation des Mystischen Lebens' zum Wesen des Christentums?

a. Ein Vergleichsbild: Das menschliche Genom (DNA) bestehend aus 46 XX/XY Chromosomen ist das Gesamt der Gene, also der molekularbiologischen Baupläne des menschlichen Organismus. Sobald dieses Programm im Augenblick der Kernverschmelzung von Ei und Sperma vorliegt, wird die menschliche Natur konstituiert, obwohl der Organismus selbst noch nicht in seiner anatomischen und physiologischen Ausdifferenzierung ‚exprimiert' ist, sondern vorerst nur ‚***virtuell***' als Genotyp vorliegt.

b. Die Kirche: Die beobachtbare (sichtbare) ‚Sozialstruktur' des mystischen Lebens ist mit dem menschlichen Organismus vergleichbar:

• Wo auch immer der Hl. Geist Menschen erfasst und sie ins mystische Leben (Glaube, Liebe und Hoffnung) einzubeziehen beginnt, dort legt er im *Prinzip* auch den ‚Gruppencharakter' des christlichen Lebens zu Grunde.
Denn, wie schon weiter oben ausgeführt, muss sich das mystische Leben notwendig in den Willen zur Weltgestaltung umsetzen, deren Realisierung hier auf Erden nur durch einen organisierten Einsatz der Mystiker möglich ist.

• Die *tatsächliche* Ausformung der kirchlichen Strukturen und ihrer Dynamik gehört nicht zum Wesen des mystischen Lebens, so wenig wie im Falle des menschlichen Organismus die ‚Expression' des Geschlechtsdiphormismus (Mann/Frau) bzw. einer Körperbehinderung zum Wesen des Menschen gehört.
- Die tatsächliche Ausgliederung der kirchlichen Strukturen und ihrer dynamischen Regelkreismechanismen ist Sache von zwei Faktoren: Sie hängt einerseits von dem ihr zu Grunde liegenden ‚Bauplan (‚DNA-Code') und andererseits von den freien Entscheidungen der Baumeister (der Mystiker) ab.
- Der ‚ekklesiale' Bauplan (ε-DNA) nun ist nach dem Zeugnis des gesamten ntl Schrifttums primär das **πνεῦμα** (= die *Liebe*), nicht der Logos (das Wort). Die Priorität des Wortes liegt in der Ausführungs-, nicht in der Bauplanebene. Ist aber die *Liebe* der ekklesiale *Kode*, dann ist

menschlicherseits die Entscheidungs*freiheit* der Gläubigen die eigentliche Ausformungskraft kirchlicher Strukturen und ihrer Dynamik, was sie im Prinzip zu zeitbedingten und wandelbaren Größen macht.

- Die sichtbare Struktur der Kirche gehört nicht zum Wesen des Christentums, sondern nur zu dessen ***Integrität***.

c. Rechtsform: Eine weitere Frage in diesem Zusammenhang ist die Frage nach der Rechtsform im Falle einer sozialen Ausgestaltung des christlichen Lebens. Denn wenn schon die konkrete Organisation des christlichen Lebens nicht zu seinem Wesen gehört, kann noch weniger die *Form* einer konkreten kirchlichen Rechtsgestalt zu seinem Wesen gehören. Eine Rechtsgestalt muss aber trotzdem irgendeine Form haben. Die Frage ist, aus welcher verbindlicher 'Rechts-Quelle' die Rechtsform der Kirche verfasst werden sollte. Es sind im Grunde nur zwei Rechtsquellen denkbar:

1. Die *Ur-Quelle*: Das Urmodell jeder Gemeinschaft und jeder Rechtsordnung ist der Dreipersönliche Gott. Alle drei Personen sind *gleichberechtigt*, und zwar von Natur aus. An dieses Modell ist selbst Gott gebunden: Niemand kann, weder das Ur-Ich (Gottvater) noch der Sohn noch der Hl. Geist eine andere Rechtsverfassung des 'mystischen Lebens' legitimieren. Die Kirche ist auch in ihrer Rechtsorganisation die *Gemeinschaft der Gleichberechtigten* vor dem Dreieinigen Gott, die sich selbst zum Zwecke der Förderung ihres mystischen Lebens organisieren, indem sie je nach den Gaben des Hl. Geistes die Rollen verteilen. Die unmittelbar – verbindliche Rechtsquelle in der Kirche ist also der vom Hl. Geist herbeigeführte Konsens der Mystiker (Gläubigen).

Daraus ergibt sich die innerweltliche und darum auch zeitbedingte Aufgabenbestimmtheit der kirchlichen Strukturen und ihrer Dynamik.

2. Das *Evangelium*: Das vom Dominus Jesus eingeführte ‚Apostolische Prinzip' ist an sich eine ‚***Sach***-Autorität' (*Zeugen*): die Apostel sollen nur weiter erzählen, was sie gehört und gesehen haben, und zwar in Wort (Predigt/Sakrament) und Tat (Vorbild).

Das ist der eigentliche Sinn des ‚Lehret sie, was ***ich*** ...' Dass später die eigentlichen lehrpsychologischen und –pädagogischen Verfahrensweisen (klassische Konditionierung, operante Konditionierung, Argumentation, soziales Vorbildlernen, Symbolsprache) von stressfreieren ‚Repressionspraktiken' stark zurückgedrängt wurden, dies lag bestimmt nicht im Sinne des Dominus Jesus, der zwar den Zwangscharakter kaiserlicher Macht (vgl. die Steuerfrage und seine eigene Fügung in das Todesurteil im Namen des Populus Romanus) respektiert hat, seinen Aposteln aber diese staatseigene Cäsarenart im Umgang mit Menschen ausdrücklich verboten hat. Das ist der eigentliche Verständniskontext auch der Sache mit den ‚Schlüsseln des Himmelsreiches ...'.

Denn der Vorbehalt des trinitarischen ‚Gemeinschafts- und Rechtsmusters' ist unaufgebbar!

Aus den vorgebrachten Gründen haben wir das Thema 'Kirche' im oben erklärten Sinn als zum Thema 'Wesen' des Christentums nicht gehörig, aus unseren Überlegungen in dieser Arbeit ausgeklammert. Und damit schließen wir die Arbeit ab.

Ausgewählte Literatur

BILATERALE ARBEITSGRUPPE (kath. u. ev.) Deutschlands, Communio Sanctorum. Die Kirche als Gemeinschaft der Heiligen, Frankfurt/M. 2000.

BIRNBAUMER, N. – Schmidt, R.F., Biologische Psychologie, Berlin ^{3}1996.

BOFF, L., Manifest für die Ökumene. Ein Streit mit Kardinal Ratzinger, (dt. Übersetzung), Düsseldorf 2001.

CONGAR, Y., Der Heilige Geist, Freiburg 1982.

CREDO in Spiritum Sanctum: Atti del congresso teologico internazionale di Pneumatologia, 2 Bde., Vatikan 1983.

DELGADO, M., Das Christentum der Theologen im 20. Jahrhundert. Vom ‚Wesen des Christentums' zu den ‚Kurzformeln des Glaubens', Stuttgart 2000.

FALLER, A., Der Körper des Menschen. Einführung in Bau und Funktion, Stuttgart ^{13}1999.

FONDS „Jahr des Gehirns 1999" (Hg.), Das menschliche Gehirn, Wien 1999.

GNILKA, J., Jesus von Nazareth. Botschaft und Geschichte, Freiburg ^{6}2000.

GRESHAKE, G., Der dreieinige Gott. Eine trinitarische Theologie, Freiburg ^{4}2001.

GRILLMEIER, A., Jesus der Christus im Glauben der Kirche, Bd. 1: Freiburg ^{2}1982, Bd. 2/1: Freiburg 1986, Bd. 2/2: Freiburg 1989.

GRÜN, J., Die Schöpfung – ein göttlicher Plan. Die Evolution im Lichte naturwissenschaftlicher Fakten und philosphisch-theologischer Grundlagen, Münster 2000.

HAAG, H. – Elliger, K., Zur Liebe befreit. Sexualität in der Bibel und heute, Zürich 1998.

HATTRUP, D., Einstein und der würfelnde Gott. An den Grenzen des Wissens in Naturwissenschaft und Theologie, Freiburg 2001.

HERTOFT, P., Klinische Sexologie, Köln 1989.

HEYER, Cees J. den, Der Mann aus Nazareth. Bilanz der Jesusforschung (dt. Übersetzung), Düsseldorf 1998.

HÜNERMANN, P., Gottes Wort in der Zeit. Eine systematische Christologie, Münster 1994.

KASPER, W. (Hg.), Gegenwart des Geistes. Aspekte der Pneumatologie, Freiburg 1979.

KATHOLISCHE Akademie in Bayern, Das Wesen des Christentums. Die menschliche Wirklichkeit des Herrn. Beiträge zu einer Psychologie Jesu, Bd. 16, München 1997.

KAUTZMANN, G. – Miketta, G., Das Wunder im Kopf, München 1999.

KONCSIK, J., Fundamentale Ansätze eines Dialogs zwischen Theologie und Naturwissenschaft, Marburg 1998.

KUSCHEL, K.J., Geboren vor aller Zeit. Der Streit um Christi Ursprung, München 1990.

KÜMMEL, W.G., Vierzig Jahre Jesusforschung, Weinheim ^{2}1994.

LUZ, U., Das Evangelium nach Matthäus, in: EKK, 1. Teilband, Einsiedeln 1985.

LÜDEMANN, G., Jungfrauengeburt? Die wirkliche Geschichte von Maria und ihrem Sohn Jesus, Stuttgart 1997.

DERS., Die Auferstehung Jesu. Historie, Erfahrungen, Theologie, Stuttgart ²1994.

MIŠČIK, Trinität und Kirche. Die Entwicklung trinitarischer Kirchenbegründung in den Dokumenten der Kommission für Glauben und Kirchenverfassung des ÖKR, Frankfurt/M. 1999.

MOLTMANN, J., Der Geist des Lebens, München 1992.

MÜLLER, G.L., Was heißt: Geboren von der Jungfrau Maria? Eine theologische Deutung, Freiburg 1989.

MURKEN, J. – Cleve, H. (Hg.), Humangenetik, Stuttgart ⁶1996.

OHLIG, K.-H., Fundamentalchristologie im Spannungsfeld von Christentum und Kultur, München 1986.

PNEUMATOLOGIE (Schwerpunktthema), in: Wiener Jahrbuch der Evangelisch-Theologischen Fakultät, Bd. 3, Wien 2000.

RAINER, M.J., „Dominus Jesus" – Anstößige Wahrheit oder anstößige Kirche? Dokumente, Hintergründe, Standpunkte und Folgerungen, Münster ²2001.

RATZINGER, J., Einführung in das Christentum, München ¹⁰2000.

SADLER, Th.W., Medizinische Embryologie. Die normale menschliche Entwicklung und ihre Fehlbildungen, Stuttgart ⁹2001.

SCHMIDINGER, H. (Hg.), Geist, Erfahrung, Leben: Spiritualität heute, Innsbruck 2001.

SCHMIDT, R.E. – Schailbe, H.G. (Hg.), Neuro- und Sinnesphysiologie, Berlin ⁴2001.

SCHULZ, v. Thun, F., Miteinander reden. Störungen und Klärungen. Allgemeine Psychologie der Kommunikation, Hamburg ³⁴2001.

VERMES, G., Jesus der Jude. Ein Historiker liest die Evangelien, Berlin 1993.

VERWEYEN, H. (Hg.), Osterglaube ohne Auferstehung? Diskussion mit Gerd Lüdemann (QD 155), Freiburg/Br. 1995.

WOLPERT, L. u.a., Entwicklungsbiologie, Heidelberg 1999.

ZIMBARDO, Ph.G. – Gerrig, R.J., Psychologie, Berlin [7]1999.

José A. Zamora
Krise – Kritik – Erinnerung
Ein politisch-theologischer Versuch über das Denken Adornos im Horizont der Krise der Moderne
Bd. 3, 1995, 512 S., 40,90 €, gb., ISBN 3-8258-2389-X

Martha Zechmeister
Gottes-Nacht
Erich Przywaras Weg negativer Theologie
Gegenüber einer Auslegung des Werks Przywaras (1889–1972) als niveauvolle, aber im Grunde überholte Erneuerung scholastischer Ontologie ist die These der Arbeit, daß sich in ihm die Züge einer Gott-Rede enthüllen, die der Radikalität heutiger "Gotteskrise" zu entsprechen vermag: In erlittener Nicht-Identität, in den geschichtlichen Katastrophen, im Sich-Wundreiben an der Andersheit des konkret anderen mitmenschlichen Subjekts beginnt die Selbstbezogenheit und Selbstgenügsamkeit des Gott-Suchers aufzubrechen für den "Ganz-Anderen", für den je größeren Gott. Damit gibt sich aber auch der Zentralbegriff der Theologie Erich Przywaras, die analogia entis, gegen jedes Mißverständnis als Gott und Mensch zusammenzwingende Formel als das Wort, das einerseits das verzweifelte Ringen Przywaras um eine lebbare Einheit in einer auseinanderberstenden Moderne und andererseits den Widerstand gegen jede Vereinnahmung Gottes vom Menschen her bezeichnet: analogia entis als Einweisung in die negative Theologie.
"In einer Zeit, in der – wie zum Beispiel im französischen und deutschen Sprachraum – die Negative Theologie und ihre Traditionen neue Aufmerksamkeit gewinnen, ist eine Arbeit über Erich Przywara, die ihn als einen der Höhepunkte dieser Tradition liest ("Gottes-Nacht"), von eminenter Bedeutung." (J. B. Metz)
Bd. 4, 2. Aufl.2000, 344 S., 25,90 €, br., ISBN 3-8258-3105-1

Gabriele Grunden
Fremde Freiheit
Jüdische Stimmen als Herausforderung an den Logos christlicher Theologie
Bd. 5, 1996, 276 S., 30,90 €, gb., ISBN 3-8258-2572-8

Ottmar John
"... und dieser Feind hat zu siegen nicht aufgehört" (W. Benjamin)
Die Bedeutung Walter Benjamins für eine Theologie nach Auschwitz
Bd. 6, Frühjahr 2002, ca. 480 S., ca. 30,90 €, br., ISBN 3-8258-2705-4

Hans-Gerd Janßen
Dem Leiden widerstehen
Aufsätze zur Grundlage einer praktischen Theodizee
Bd. 7, 1996, 112 S., 12,90 €, br., ISBN 3-8258-3012-8

Dieter Henrich; Johann Baptist Metz; Bernd Jochen Hilberath; R. J. Zwi Werblowsky
Die Gottrede von Juden und Christen unter den Herausforderungen der säkularen Welt
Symposion des Gesprächskreises "Juden und Christen" beim Zentralkomitee der deutschen Katholiken am 22./23. November 1995 in der Katholischen Akademie Berlin
Bd. 8, 1997, 104 S., 12,90 €, br., ISBN 3-8258-3192-2

Ulrich Engel
Umgrenzte Leere
Zur Praxis einer politisch-theologischen Ästhetik im Anschluß an Peter Weiss' Romantrilogie "Die Ästhetik des Widerstands"
Bd. 9, 1998, 472 S., 40,90 €, gb., ISBN 3-8258-3444-1

Reinhold Boschki; Dagmar Mensink (Hrsg.)
Kultur allein ist nicht genug
Das Werk von Elie Wiesel – Herausforderung für Religion und Gesellschaft
Bd. 10, 1998, 432 S., 35,90 €, br., ISBN 3-8258-3576-6

Johann Reikerstorfer (Hrsg.)
Vom Wagnis der Nichtidentität
Johann Baptist Metz zu Ehren
Die Autoren dieser "Festgabe" möchten J. B. Metz anläßlich seines 70. Geburtstags ein Stück seiner Geschichte, die sich vor allem mit Wien, dem philosophischen Institut der Universität und dem Institut für Fundamentaltheologie verbindet, in Erinnerung rufen und als eine produktive Begegnung dokumentieren. Als Leitmotiv dient ihnen die Interpretation der neuen Politischen Theologie als "negative Theologie", um sie unter dieser Hinsicht im heutigen theologischen Grundlagendiskurs als Angebot für eine kommunikative Gottesrede zu erfragen, die sich der "Nichtidentität" aussetzt und verpflichtet weiß. J.Reikerstorfer zeigt, daß in der denkgeschichtlichen Entwicklung dieses Konzepts die kritisch-produktive Kraft der Negativität zuletzt mit der Frage nach der "Zeit", ihrer Eigenart und dem darin gelegenen Sinn von "Alterität" ihre volle Schärfe gewinnt und entfaltet. In Auseinandersetzung mit dem Karsamstagsmotiv bei H. U. v. Balthasar und E. Przywara erörtert M. Zechmeister die Metzsche "Leidenserinne-

rung" als Basis für eine "Theologie des Gottvermissens". Die Universalität dieser Gottesrede sucht P. Zeillinger gegenüber der Kritik an universalistischen Ansprüchen über die "schwachen Kategorien" der Erinnerung und der Anerkennung der Anderen in ihrem Anderssein zu entwickeln, während B. Taubald den Einbruch des Nichtidentischen in die neue Politische Theologie im Spiegel ihres Erinnerungsbegriffs aufspürt und die Erinnerung selbst in ihrer Intention als leidempfindliche Vergegenwärtigung des "Unsagbaren" interpretiert. Schließlich bringt W. Klaghofer literarische Motive bei F. Werfel in eine Nähe zu J. B. Metz, indem er die messianische Hoffnung auf das Ende der Zeiten als Widerstand gegen das menschliche Unrecht politischer Gewalt- und Unterdrückungsgeschichten ins Blickfeld rückt.

Bd. 11, 1998, 184 S., 17,90 €, br., ISBN 3-8258-3767-x

Jürgen Manemann;
Johann Baptist Metz (Hrsg.)
Christologie nach Auschwitz
Stellungnahmen im Anschluß an Thesen von Tiemo Rainer Peters

Der vorliegende Band präsentiert zehn Thesen zur "Christologie nach Auschwitz" von *Tiemo Rainer Peters* und versammelt dazu Stellungnahmen zustimmende, weiterführende, kritisch rückfragende Kurzkommentare – von Schülern und Freunden, von Symphatisanten und auch von kritischen Begleitern einer Politischen Theologie, für die die Katastrophe von Auschwitz zur inneren Situation der christlichen Gottesrede gehört, so daß ihr der Rückzug auf eine situationsblinde Heilsmetaphysik oder auf einen menschenleeren Geschichtsidealismus angesichts dieser Katastrophe verwehrt ist.
Beiträger sind:
Reinhold Boschki, Edna Brocke, Ulrich Engel, Paulus Engelhardt, Hans-Gerd Janßen, Ottmar John, Maureen Junker-Kenny, Bertil Langenohl, Jürgen Manemann, Friedrich-Wilhelm Marquardt, Reyes Mate, Johann Baptist Metz, Jürgen Moltmann, Otto Hermann Pesch, Birte Petersen, Thomas Pröpper, Johann Reikerstorfer, Jürgen Werbick
Die zweite Auflage ist erweitert um eine Erwiderung von Tiemo Rainer Peters.

Bd. 12, 2. Aufl. 2001, 192 S., 15,90 €, br., ISBN 3-8258-3979-6

Karl Rahner Akademie (Hrsg.)
Geschichte denken
Mit Beiträgen von H. M. Baumgartner, K. Flasch, J. Maier, J. B. Metz, A. Schmidt, H. Schnädelbach und H. Schweppenhäuser

Das Nachdenken über Geschichte hat mit der Publikation von Francis Fukuyama "Das Ende der Geschichte" kein Ende gefunden, wohl eher einen neuen Impuls bekommen. Zweifellos: Philosophie, die beansprucht, einen objektiven Sinn der Geschichte aufzeigen zu können, ist nicht ohne Grund in Verruf geraten. Aber sollte man deshalb gleich für den "Abschied von der Geschichtsphilosophie"(O. Marquard) plädieren? Wer sich in der Wirklichkeit, so wie sie geworden ist, nicht bloß einrichten will, der wird auf geschichtsphilosophische Erkenntnis nicht verzichten wollen, der wird auch nach dem propagierten "Ende der Geschichte" weiterhin "Geschichte denken".

Bd. 13, 1999, 128 S., 15,90 €, br., ISBN 3-8258-4176-6

Johann Reikerstorfer (Hrsg.)
Zum gesellschaftlichen Schicksal der Theologie
Ein Wiener Symposium zu Ehren von Johann Baptist Metz (November 1998). Mit Beiträgen von E. Jüngel, J. B. Metz u. a.

Tiefgreifende Wandlungen im gesellschaftlichen Bewußtsein sind mittlerweile auch zu neuen Herausforderungen der theologischen Fakultäten geworden. Die religiös pluralistische Situation, die schwindende Akzeptanz unserer Kirchen mit ihren Konkordaten, der wachsende Integrationsprozeß der europäischen Länder, die keine Universitätstheologie nach deutschsprachigem Modell kennen, nicht zuletzt aber auch Entwicklungen im modernen Wissenschaftsverständnis machen grundsätzlich Überlegungen zum Status des universitären Theologiebetriebs unausweichlich.
Der vorliegende Band dokumentiert ein "Wiener Symposion zum gesellschaftlichen Schicksal der Theologie", das die Katholisch-Theologische Fakultät der Universität Wien anläßlich des 70. Geburtstags von Johann Baptist Metz am 27./28. November 1998 veranstaltete. Der offene interdisziplinäre Disput vereint ein breites Spektrum an Perspektiven und Kompetenzen und versucht Chancen und Verpflichtungen in der modernen Wissenschaftswelt im Blick auf eine gesellschaftlich angefragte und herausgeforderte Theologie zu erkunden. Leitende Gesichtspunkte des Kolloquiums stammen aus den Bereichen der Gesellschafts- und Universitätspolitik, des Staatskirchenrechts, sowie der Philosophie und der systematischen Theologie. Hierfür schärfte die Politische Theologie von J. B. Metz nicht nur die Aufmerksamkeit für entsprechende Problemstellungen, sie war im Rahmen des Symposions auch vielfach "Motor" und immer wieder gesuchter "Ansprechpartner" in den Beiträgen und Stellungnahmen.
Mit Beiträgen von H. J. Vogel u. E. Busek (Politik), L. Nagl (Philosophie), E. Jüngel u. U. Körtner (ev. Theologie), P. M. Zulehner u. J. Reikerstorfer (kath. Theologie), R. Potz (Staatskirchenrecht), G. Luf (Rechtsphilosophie) und

Weihbischof H. Krätzl, sowie Auszügen aus der Diskussion mit J. B. Metz.
Bd. 14, 1999, 176 S., 20,90 €, br., ISBN 3-8258-4175-8

Ulrich Willers
Nietzsches Jesus
Bd. 15, Frühjahr 2002, ca. 128 S., ca. 15,90 €, br., ISBN 3-8258-4925-2

Barbara Nichtweiß (Hrsg.)
Vom Ende der Zeit
Geschichtstheologie und Eschatologie bei Erik Peterson. Symposium Mainz 2000. Mit Beiträgen von Klaus Berger, Ferdinand Hahn, Karl Lehmann, Eduard Lohse, Hans Maier, Christoph Markschies u. a.
Das spannungsreiche Verhältnis von Geschichte und Christentum bestimmte die Theologie Erik Petersons (1890–1960): Trotz der Entdeckung der biblischen Eschatologie und ihrer kritischen Implikationen blieb er als Historiker der Geschichte in reflektierter Erforschung verpflichtet. Theologen und Historiker diskutieren nun seine – z. T. noch unveröffentlichten – Beiträge zu Religionsgeschichte *(C. Markschies)*, Exegese *(F. Hahn, E. Lohse, K. Scholtissek, K. Berger)*, systematischer Theologie *(Th. Ervens, S. Dückers, G. Unbarri, K. Anglet)* und politischer Zeitgeschichte *(W. Löser, H. Maier)* sowie Aspekte eines wechselvollen Lebens *(K. Lehmann, G. Caronello, B. Nichtweiß)*.
Bd. 16, 2001, 344 S., 25,90 €, gb., ISBN 3-8258-4926-0

Maureen Junker-Kenny (ed.)
Memory, Narrativity, Self and the Challenge to Think God
The Reception within Theology of the Recent Work of Paul Ricoeur
Bd. 17, Frühjahr 2002, ca. 200 S., ca. 20,90 €, br., ISBN 3-8258-4930-9

Benjamin Taubald
Anamnetische Vernunft
Untersuchungen zu einem Begriff der neuen Politischen Theologie
"Ein wichtiger Beitrag zur Theoriegestalt der neuen Politischen Theologie und zur Erläuterung ihrer Basiskategorie, der *memoria passionis*, im philosophisch-theologischen Grundlagendiskurs."
Johann Baptist Metz
Bd. 18, 2001, 208 S., 20,90 €, br., ISBN 3-8258-5151-6

Detlef Schneider-Stengel
Christentum und Postmoderne
Zu einer Neubewertung von Theologie und Metaphysik
Bd. 19, Frühjahr 2002, ca. 296 S., ca. 25,90 €, br., ISBN 3-8258-5011-0

Jürgen Werbick
Gebetsglaube und Gotteszweifel
Ist der Zweifel nur ein Glaubensdefizit, so daß der Glaube ihn eigentlich überwinden müßte? Die Studien dieses Bandes versuchen, zu einer anderen Bestimmung des Verhältnisses von Glauben und Zweifeln zu kommen. Ihre gemeinsame Intention ist die Entfaltung einer Gebetstheologie, die sich von den Grundvollzügen und Aporien des Betens zu denken geben läßt. Zentrale Themen dieser Theologie des Betens sind u. a.: Gewißheit und Zweifel, Gebet als Gottsuche, die Krise des Bittgebets und der Glaube an den allmächtigen Gott, die Bitte um Erlösung, Doxologie und Trinitätslehre, Dogma – Symbol – Gebet.
Bd. 20, 2001, 288 S., 20,90 €, gb., ISBN 3-8258-5379-9

Paulus Budi Kleden
Christologie in Fragmenten
Die Rede von Jesus Christus im Spannungsfeld von Hoffnungs- und Leidensgeschichte bei Johann Baptist Metz
Wer den Namen Johann Baptist Metz hört, dem fällt wohl zuerst die Theodizeefrage ein, da es dieses Thema ist, um welches das Schaffen von Metz unermüdlich kreist. Indem Metz aber auf der geschichtlichen Unbeantwortbarkeit der Theodizeefrage beharrt, setzt er sich dem Vorwurf auf, die Heilsbedeutung des Christusereignisses nicht hinreichend zu berücksichtigen. Indem aber nach den impliziten Voraussetzungen dieser Theologie gefragt wird, zeigen sich die darin enthaltenen christologischen Gehalte auf, die das zunächst augenscheinliche christologische Defizit zumindest teilweise auszugleichen imstande sind.
Bd. 21, 2001, 448 S., 40,90 €, br., ISBN 3-8258-5198-2

Bernhard Nitsche
Göttliche Universalität in konkreter Geschichte
Eine transzendental-geschichtlichen Vergewisserung der Christologie in Auseinandersetzung mit Richard Schaeffler und Karl Rahner
Die Kritik am christlichen Absolutheitsanspruch und am idealistischen Geschichtsdenken ist Anlaß, nach einer philosophisch vergewisserten Methode zu fragen, welche die Einmaligkeit menschlicher Freiheitsgeschichte und das bleibende Verwiesensein der freien Menschen aufeinander sowie die Ansprechbarkeit für Gott und seine mögliche Offenbarung in der Geschichte angemessen reflektieren kann. Richard Schaeffler und Karl Rahner stehen von religionsphilosophischer bzw. theologischer Seite für ein Freiheitsdenken, welches den geschichtlichen Charakter der transzendentalen Bedingungen des menschlichen Weltverhaltens hervorhebt. In kritischer Auseinandersetzung

mit ihren Optionen kann plausibilisiert werden, daß die singuläre Geschichte des konkreten Menschen Jesus für alle Menschen Bedeutung gewinnen kann, ohne die Situation des Leidens und der Ungerechtigkeit auszublenden, die bleibende Berufung Israels zu enteignen oder die Marginalisierung von Frauen im Christentum zu überspielen. Inhaltlich wird die geschichtsbewußte und das Leiden und Unabgegoltene der Menschen erinnernde Gestalt transzendentalen Denkens in einer futurisch-eschatologischen Konzeption des (er-)wartenden Christus zentriert, welche als positionell christliche Wahrheitsantizipation des Ganzen der Wirklichkeit in den Dialog der jeweils perspektivischen Weltanschauungen und Religionen eingebracht wird.
Bd. 22, 2001, 562 S., 40,90 €, gb., ISBN 3-8258-5136-2

Klaus Kienzler; Josef Reiter;
Ludwig Wenzler (Hrsg.)
Das Heilige im Denken
Ansätze und Konturen einer Philosophie der Religion. Zu Ehren von Bernhard Casper
Bd. 23, Frühjahr 2002, ca. 454 S., ca. 45,90 €, br., ISBN 3-8258-5533-3

K. Hannah Holtschneider
German Protestants Remember the Holocaust
Theology and the Construction of Collective Memory
Drawing on the methodology of collective memory this dissertation analyses representations of the Holocaust and Jews in three German Protestant theological texts (Rheinischer Synodalbeschluss 1980, F.-W. Marquardt's Von Elend und Heimsuchung der Theologie and B. Jüngst's Auf der Seite des Todes das Leben). The analysis of these texts is informed by the development of narratives of collective memory of the Holocaust in German society in the 1980s and 1990s (the miniseries Holocaust and Heimat, the Bitburg Controversy, the Historikerstreit and the Goldhagen Controversy) and by the study of generational transmission of Holocaust memory in the third generation of non-Jewish Germans. In particular, the paradigms generated by Christian reflection on the Holocaust and Jews and their consequences for current Christian-Jewish relations in Germany are addressed. The theological narrative of this study becomes increasingly complex through the inclusion of social and generational issues of Holocaust remembrance in Germany.
Bd. 24, 2001, 232 S., 25,90 €, br., ISBN 3-8258-5539-2

Ulrich Willers; Gotthard Fuchs (Hrsg.)
Theodizee im Zeichen von Dionysos
Mit Beiträgen von Johann Figl, Hans Gerald Hödl, Magnus Striet, Christoph Türcke u. a.
Bd. 25, Frühjahr 2002, ca. 208 S., ca. 20,90 €, br., ISBN 3-8258-5561-9

Ansgar Koschel (Hrsg.)
Katholische Kirche und Judentum im 20. Jahrhundert
Mit Beiträgen von Herbert Bettelheim, Ernst-Ludwig Ehrlich, Mehachem Kanafi, Gerhard Riegner, Herbert Smolinsky und Erich Zenger
Bd. 26, Frühjahr 2002, ca. 168 S., ca. 17,90 €, br., ISBN 3-8258-5507-4

Lydia Bendel-Maidl
Tradition und Innovation
Zur Dialektik von historischer und systematischer Perspektive in der Theologie am Beispiel von Transformationen in der Rezeption des Thomas von Aquin im 20. Jahrhundert
Bd. 27, Frühjahr 2002, ca. 504 S., ca. 45,90 €, br., ISBN 3-8258-5589-9

Christian Heller
John Hicks Projekt einer religiösen Interpretation der Religionen
Darstellung und Analyse – Diskussion – Rezeption
Die "Theologie der Religionen" hat sich in den letzten Jahren zu einem theologischen Brennpunkt entwickelt, der weit über die Fachwelt hinaus auf großes Interesse stößt. Im Mittelpunkt der Diskussion steht die Position des englischen Religionsphilosophen und -theologen John Hick, die im vorliegenden Buch von seinen epistemologischen Ansätzen bis zu seiner pluralistischen Theologie der Religionen nachgezeichnet und analysiert wird. Die Entwicklung, die sich in Hicks Denken aufzeigen lässt, kann als ein Prozess der fortwährenden Anwendung grundlegender theologischer Optionen auf neu ins Bewusstsein getretene Erfahrungen und Erkenntnisse verstanden werden.
Seine pluralistische Religionstheologie sieht sich schwerer Kritik ausgesetzt. Neben einer ausführlichen Analyse der vorgebrachten kritischen Einwände beschäftigt sich die Arbeit mit zwei neueren Ansätzen von Jacques Dupuis und Roger Haight, die Hicks Anliegen – die Anerkennung der Werthaftigkeit von Pluralität auch im religiösen Bereich – im Rahmen einer christlichen Theologie gerecht werden wollen.
Bd. 28, 2001, 528 S., 40,90 €, br., ISBN 3-8258-5528-7

LIT Verlag Münster – Hamburg – Berlin – London
Grevener Str. 179 48159 Münster
Tel.: 0251 – 23 50 91 – Fax: 0251 – 23 19 72
e-Mail: vertrieb@lit-verlag.de – http://www.lit-verlag.de
Preise: unv. PE